新时代高校中外合作办学项目学生的思想政治教育研究

孙冬雪　著

延吉·延边大学出版社

图书在版编目（CIP）数据

新时代高校中外合作办学项目学生的思想政治教育研
究／孙冬雪著. -- 延吉：延边大学出版社，2024.9.
ISBN 978-7-230-07193-2

Ⅰ. G641

中国国家版本馆 CIP 数据核字第 202461X1G4 号

新时代高校中外合作办学项目学生的思想政治教育研究

著　　者：孙冬雪
责任编辑：孟祥鹏
封面设计：侯　晗
出版发行：延边大学出版社
社　　址：吉林省延吉市公园路 977 号　　　邮　　编：133002
网　　址：http://www.ydcbs.com　　　E-mail：ydcbs@ydcbs.com
电　　话：0433-2732435　　　传　　真：0433-2732434
印　　刷：三河市嵩川印刷有限公司
开　　本：787mm×1092mm　1/16
印　　张：11.5
字　　数：210 千字
版　　次：2024 年 9 月第 1 版
印　　次：2025 年 1 月第 1 次印刷
书　　号：ISBN 978-7-230-07193-2

定　　价：70.00 元

PREFACE　前　言

随着全球化进程的加速和教育国际化的深入推进，高校中外合作办学项目成为培养国际化人才的重要途径。这些项目不仅可以为学生提供广阔的学习和发展平台，还会对思想政治教育提出新的挑战和要求。在此背景下，研究新时代高校中外合作办学项目学生的思想政治教育具有重要的理论意义和实践价值。

本书旨在全面深入地探讨高校中外合作办学项目学生思想政治教育的理念、内容、方法与实践。第一章概述新时代高校中外合作办学项目的基本情况，包括内涵、发展方向、类型与模式及国际化人才培养的目标。第二章分析高校中外合作办学项目开展思想政治教育的背景，包括学生的主要特点、适应性问题，以及开展思想政治教育的特殊性和必要性。第三章构建高校中外合作办学项目学生思想政治教育的理论架构，包括现代理念与价值形态、目标设定与系统构建、规律探寻与可持续发展。第四章探讨高校学生思想政治教育的方法选择与科学发展方向，包括方法类型与选择运用、人文关怀与科学管理、精细化与个性化发展。第五章从内容拓展方面强调中华优秀传统文化、红色资源与红色文化精神及社会主义核心价值观的传承与弘扬，从而为高校中外合作办学项目学生思想政治教育提供丰富的内容和资源。第六章对高校中外合作办学项目学生思想政治教育的实践探索进行总结和分析，包括"三全育人"模式、"思政课程"及"课程思政"等方面的探索和实践。这些实践经验可以为高校中外合作办学项目学生思想政治教育的创新发展提供有益的借鉴和参考。

本书的特点在于其具有全面性和实践性。本书不仅系统地梳理了高校中外合作办学项目学生思想政治教育的理论体系和实践经验，还紧密结合实际案例进行了深入分析，从而为相关领域的研究者和实践者提供了有力的支持与指导。

笔者在写作过程中得到了许多专家学者的指导和帮助，在此向他们表示诚挚的谢意。书中所涉及的内容难免存在不足之处，希望广大读者和专家能够积极批评指正。

孙冬雪

2024 年 3 月 1 日

课题项目：

1. 2022-2023 年度河北省高等教育教学改革研究与实践项目，《国际化办学思政课程与课程思政协同守正创新教学改革与实践》，编号：2022GJJG038

2. 2024 年河北省高校党建研究课题，《教育强国战略背景下大中小学党建共建与协同配合机制研究》，编号：GXDJ2024B024

3. 2024 年天津市教育工作重点调研课题，《教育强国战略背景下大中小学党建共建与协同配合机制研究》，编号：JYDY-20241057

CONTENTS

目 录

第一章　新时代高校中外合作办学项目概述

第一节　中外合作办学的内涵及其发展方向

中外合作办学具有鲜明的开放性和特殊性，学生接受国外优质教育资源的同时，也会面临外来文化和价值观的冲击。近几十年来，随着中国社会经济的不断发展和教育改革的不断深化，中外合作办学这种教育模式在中国得到了迅速发展。本节将从中国现代化的角度，围绕中外合作办学的内涵及其发展方向展开探讨，着重分析中外合作办学的概念、特征及发展方向。

一、中外合作办学的内涵

在党的十九大报告中，坚定文化自信与推动社会主义文化繁荣兴盛的论述，为高等教育特别是中外合作办学项目中的思想政治教育提供了明确的指导方针。党的十九大报告指出，文化自信是一个国家、一个民族发展中更基本、更深沉、更持久的力量。

在中外合作办学项目中，思想政治教育的核心任务之一便是培养学生对中华优秀传统文化的深刻认识和自豪感。通过系统的教学安排与实践活动，学生能够深入理解中华文化的博大精深和独特魅力，从而在全球化的语境中坚守文化自信。在教育过程中，教师应注重引导学生认识和体验中华优秀传统文化的社会主义核心价值观与思想精髓，如儒家的仁爱、道家的自然观、佛家的慈悲等，这些思想不仅对中华民族的发展起到了关键作用，还为世界文化多样性的保护与促进做出了贡献。中外合作办学项目提供了一个多元文化交流与融合的平台，学生在这种环境中，不仅能够学习到国际先进的知识与技能，更能够通过比较和反思，深化对本土文化的理解与认同。教师应鼓励学生以开放的心态，学习和理解不同文化背景下的思想，从而在多元文化的交流中实现文化的互鉴。

党的十九大报告还提出，必须坚持马克思主义，牢固树立共产主义远大理想和中国特色社会主义共同理想，培育和践行社会主义核心价值观，不断增强意识形态领域主导权和话语权，推动中华优秀传统文化创造性转化、创新性发展，继承革命文化，发展社会主义先进文化，不忘本来、吸收外来、面向未来，更好构筑中国精神、中国价值、中国力量，为人民提供精神指引。在中外合作办学项目中，教师应引导学生在继承和发扬中华优秀传统文化的基础上，积极探索中华优秀传统文化与现代社会结合的新途径。通过创新的教学方法和实践活动，激发学生的创造性思维，鼓励他们对传统文化进行现代诠释和创新性转化，使之更加符合时代发展的需求，更好地服务于社会主义现代化建设。

（一）中外合作办学的概念

中外合作办学是指中国教育机构与外国教育机构在中国境内合作举办的教育活动，旨在培养具有国际竞争力的高素质人才，并提升中国高等教育的国际化水平。根据国家法律文件和学术界的定义，中外合作办学模式是一种在特定历史条件下，以特定的办学思想为指导，结合中外合作办学的内容和特点，在办学实践中逐步形成的规范化的结构形态和运行机制。

中外合作办学模式需要根据具体合作项目的特点进行灵活调整和实施，以确保教育内容的适应性和有效性。这不仅涉及引进国外的课程和教学方法，还包括教师资源、教育理念和管理模式的全面整合。引进的教育内容应根据中国教育的实际需求进行本土化改造，以实现最优的教育效果。

中外合作办学模式的发展是一个自然演进和人为塑造的过程。合作办学的教育内容在层次、投资力度及合作周期上存在不确定性，导致其发展初期常常表现出无序状态。因此，加大规范和管理力度是必然的，只有通过不断调整和优化，才能逐步形成稳定的办学模式。办学体制、投资体制和管理体制是影响中外合作办学模式的主要因素，它们之间既相互独立又相互重叠。

办学体制是指不同的中外教育主体通过多种方式构建的不同办学模式。中外合作办学的多样性体现在办学主体的多元化和办学形式的多样化等方面，包括中外合作设立的独立学院、合作办学项目等。这些模式都需要在合作过程中不断摸索和改进，以形成符合双方需求和优势互补的办学体制。

投资体制则体现为中外各方为合作办学筹集教育经费的运作方式。投资体制是合作办学的核心，因为投资体制决定了合作办学的资源配置和发展方向。不同的投资体制会形成不同的管理体制，从而影响办学模式的性质和特点。有效的投资体制不仅能确保教育资源的充足，还能促进办学质量的提升和教育成果的最大化。

管理体制表现为由政府对高校的管理逐步转换为高校内部协调各种关系和资源的过程。随着中外合作办学的深入，管理体制的灵活性和自主性逐渐增强，高校需要在政府的指导下，建立适应自身发展的内部管理机制。这包括教学管理、学生管理、财务管理等多个方面，形成一套系统化、规范化的管理制度，以保障合作办学的顺利运行和持续发展。

2004 年，教育部在《中华人民共和国中外合作办学条例实施办法》中对中外合作办学机构的设立、组织、审批、管理与监督等进行了规定，如第四十九条规定：中外合作办学项目颁发的外国教育机构的学历、学位证书，应当与该外国教育机构在其所属国颁发的学历、学位证书相同，并在该国获得承认。

随着中外合作办学规模的不断扩大，其未来发展趋势也逐渐显现。中外合作办学不仅在中国境内蓬勃发展，还显示出开展境外办学并面向全球招生的潜力。这一趋势表明，中国教育机构与外国教育机构的合作将更加深入和广泛，中外合作办学的模式将更加多样化和国际化。

综上所述，中外合作办学的办学体制、投资体制和管理体制具有多样性与复杂性。通过不断引进和本土化国外优质教育资源，规范化办学结构和运行机制，中外合作办学能在提升中国高等教育国际化水平和培养国际化人才方面发挥重要作用。

（二）中外合作办学的特征

1. 公益性

中外合作办学是中国教育事业的重要组成部分。对于国内高校而言，中外合作办学具有公益性的特点。高校开展中外合作办学的基本目的是引进国外优质的教育资源；而对于外方院校而言，开展中外合作办学是以追求经济效益、扩大其办学规模为目的的。我国高校要引进国外一流的教学资源及高水平的教师资源需要投入大量的经费，因此与外方院校合作办学成本较高，导致相应的学费也高于国内普通本科院校。但这并不是追求经济效益，而是为与国外高水平院校合作，从而拓宽我国高校师生的国际视野，创新人才培养模式，学习先进的教育管理理念，促进我国高等教育的国际化发展。

2. 以中国公民为主要招生对象

中外合作办学的招生对象主要是中国公民，主权归中方院校所有，服务于中国的教育发展。其办学目标是坚持党的领导，培养社会主义事业的建设者和接班人。中外合作办学通过引进国外先进的办学经验，可以为中国学生提供更多的教育选择，促进校内教育教学改革和学科建设，从而使中国学生能够在国内享受到世界各地的优质教育资源。这种办学模式不仅可以拓宽学生的国际视野，还可以培养具有国际竞争力的专业型人才，满足中国社会经济发展对高素质人才的需求。

3. 国际化

中外合作办学是高等教育国际化的主要表现形式之一，具有显著的国际化特点。国际化具体表现在以下几个方面：一是引进国外的小班教学，实施以学生为主的教学模式，实现教学模式的国际化；二是采用外方院校教师与本校教师共同参与教学的形式，实现师资队伍的国际化；三是将国外先进的办学理念与中国传统的办学理念相融合，实现办学理念的国际化。中外合作办学的不断发展，不仅扩大了办学规模，还呈现出"走出去"的发展趋势。中国在借鉴国外先进办学理念的基础上，积极将本国的教育推出国门，与世界接轨，这有助于中国主动参与全球教育治理，为国际教育规则的制定贡献中国方案，提供中国智慧，将中外合作办学的成功经验与世界共享。

二、中外合作办学的发展方向

（一）从适度开放到扩大开放

随着中国加入世界贸易组织以及与国际社会融合的进程加快，中外合作办学逐渐从适度开放向扩大开放迈进。这种转变反映了中国政府对教育发展方向的深思熟虑，将教育定位于面向现代化、面向世界、面向未来的战略高度。中国政府在推动对外开放的过程中，进一步加强了中外合作办学在国际合作体系中的地位。

在中外合作办学的扩大开放过程中，中国政府起到了关键作用。政府采取了一系列措施，包括完善准入制度、简化审批程序、完善评估认证、强化退出机制、加强信息公开、健全质量保障体系等，为合作项目的顺利开展提供了良好的政策环境和法律保障。同时，政府还鼓励和引导国内优质教育资源与国际先进教育理念相结合，促进了中外合作办学的深入发展。

随着中外合作办学的扩大开放，合作项目不仅在数量上呈现出明显增长，而且在质量上也得到了进一步提升。越来越多的国际优秀教育资源进入中国市场，为中国学生提供了丰富的学习选择和优质的教育服务。同时，中国的教育机构通过与国外院校的合作，不断吸收和借鉴国际先进的教育模式与管理经验，加快了自身的国际化进程。

中外合作办学的扩大开放不仅促进了教育资源的互通共享，还推动了中外教育文化的交流与融合。通过合作办学项目，不同国家、不同文化背景的师生可以在同一个平台上交流学习、互相启发，增进彼此的了解和友谊，为构建人类命运共同体贡献积极力量。

（二）从无法可依到依法办学

中国境内开展中外合作办学最早开始于20世纪80年代中期，彼时我国高等教育中外合作办学的监管制度几乎不存在，也可以认为处于监管真空的状态，其典型特点是个案进行个案处理、特殊事情特殊办理。但随着中外合作办学规模的不断扩大，这个典型特点不再能满足现实需求。为了规范中外合作办学的发展路径，解决审批混乱的现实问题，1992年国家教育委员会发出《关于国外机构或个人在华办学等问题的通知》。该通知明确规定，高等教育中外联合办学的特殊情况应报国家教育委员会批准。1995年国家教育委员会在上述通知的基础上颁布了《中外合作办学暂行规定》，构建起我国中外合作办学的基本框架。

《中华人民共和国中外合作办学条例》（2003年）明确了中外合作办学的设立、组织与管理、教育教学等内容。《中华人民共和国中外合作办学条例实施办法》（2004年）进一步细化了有关管理制度和措施，明确了中外合作办学机构的组织与活动、中外合作办学项目的审批与活动等事项，规范了中外合作办学的监督和管理等环节。《教育部关于当前中外合作办学若干问题的意见》（2006年）强调坚持中外合作办学的公益性原则，提出依法办学、规范管理、提高质量等要求。

如今，我国对外开放更加深化，国家机制更加成熟，"一带一路"倡议更是促进了我国与"一带一路"共建国家的教育合作。《推进共建"一带一路"教育行动》（2016年）鼓励和支持中国高校与"一带一路"共建国家开展教育合作，包括中外合作办学、学术交流、人才培养等。《教育部等八部门关于加快和扩大新时代教育对外开放的意见》（2020年）坚持内外统筹、提质增效、主动引领、有序开放，对新时代教育对外开放进行了重点部署。

（三）从尝试探索到全面展开

我国高等教育的国际化发展是我国对外开放整体框架的重要组成部分，也是教育理念国际化的先行设计。为满足这一设计需求，在改革开放初期，我国开展了各种各样的中外合作办学探索活动。1980年，教育部部长蒋南翔率领中国教育代表团利用两个月的时间访问了德国、法国和美国，并分别同其教育部部长探讨中国该以何种路径才能更好地同欧美国家进行教育上的交流与合作的问题。在此之后，中国又分别与日本、加拿大、美国、德国、英国、法国等国家的教育机构或高校进行了多种形式的办学合作与实践。

值得注意的是，以前中外合作办学的交流方式虽然多种多样，但其需要依靠教育部或者国家部委出面寻求合作交流渠道，在进一步获得合作项目后，通过国家层面将获得的合作项目分配给下属单位或者高校。直到1986年南京大学经国务院批准成立约翰斯·霍普金斯大学中美文化研究中心，才实现了真正意义上的中外合作办学机构的设立。经过发展，到20世纪90年代中期，我国拥有大小不同的中外合作办学机构70多家。

经过多年的发展，中外合作办学机构或项目在我国各地开花结果。中外合作办学已成为中国高等教育的重要组成部分，其社会影响力也在不断提升。截至2023年，合作办学项目涉及本科专业165个，其中电气工程及其自动化、机械设计制造及其自动化、土木工程等专业合作项目数位居前列。此外，河南大学、上海师范大学、上海交通大学等高校在中外合作办学机构与项目排名中表现突出。中国高等教育的国际化和中外合作办学正在快速发展，不仅在规模上有所扩大，而且在质量和效益上都取得了显著提升。

（四）从"引进来"到"走出去"

进入新时代后，我国高校中外合作办学应坚持"引进来"与"走出去"并重，将境外办学视为扩大中外合作办学规模的一种新探索，这也是未来中外合作办学发展的重要方向。我国高校在境外，尤其是在亚洲、非洲拥有巨大的市场需求。我国以往的境外办学多集中在非学历培训、高职高专层次方面。2011年，苏州大学在老挝成立了老挝苏州大学，开创了中国高校独立设立境外机构的先例。

随着"一带一路"倡议的深入实施，我国高等教育国际化的步伐加快，境外办学成为中外合作办学的重要组成部分。最新数据显示，我国高等教育的国际化发展在数量和质量上都取得了显著进展。例如，香港科技大学（广州）作为新设立的中外合作办学机构，于2022年6月正式成立，这标志着我国在合作办学方面取得了新的突破。

为进一步拓展国际教育合作的广度和加大国际教育合作的力度，让境外办学更科学，教育部于 2019 年出台《高等学校境外办学指南（试行）（2019 年版）》，提出在"一带一路"共建国家办学，应重点分析"一带一路"建设的人才需求，注重为中国"走出去"的企业培养合格人才。此外，根据中国大学排行榜（China University Rankings，CNUR）官网发布的 2023 年内地高校中外合作办学情况相关统计，截至 2023 年，中外合作独立法人院校共有 10 所，在办的中外合作办学机构共 86 个，而在招生的中外合作办学项目共 806 项。合作办学项目来自 28 个国家和地区，其中美国、英国、澳大利亚分别以 184 项、169 项、91 项位列前三名。这些数据反映了我国高等教育国际化的深度和广度。

第二节　高校中外合作办学的类型与模式

一、高校中外合作办学的类型

（一）按设置方式进行划分

1. 独立设置的中外合作办学机构

独立设置的中外合作办学机构是指中国教育机构和外国教育机构在中国合作建立的独立于母体的教育机构，具有法人资格，独立承担民事责任，合作双方共同承担办学经费，独立进行财务核算，设置完整的组织结构，建立独立的组织制度。独立设置的中外合作办学机构数量最少，因为教育主管部门在审批时要做实地考察，特别是需要考察机构的办学场地和设施，控制得比较严格。

相比依附于一级大学的中外合作办学项目及二级学院，独立设置的中外合作办学机构，应具有独立的法人资格。我国不允许国外高等教育机构单独在我国境内开设教育机构，所以"独立设置"只是相对意义上的独立，是相对于与申报合作办学的中方大学的分离关系而言的。独立设置的中外合作办学机构在机制和办学模式上具有如下特点：办学经费由中外各方共同承担，或以民办机制筹措解决；实行全新的办学模式，即独立学院应具有独立的校园和基本的办学设施，实施相对独立的教学组织和管理；独立招生，独立颁发学历证书，独立进行财务核算，具有独立的法人资格，能独立承担民事责任。以上各种"独立"条件集中体现了中外合作办学独立设置机构的基本特点，本质上与中方合作大学没有太大的区别。

随着教育改革内容的持续推进，整体教育行业发生了较大的改变与创新，相关教学理念和教学思维都出现了关键性转变。就目前国内高校独立学院的办学规模和机制来看，大部分都是在国有民办办学体制的基础上发展起来的。中外合作办学的独立学院为数不多，但办学机制和模式与独立设置的国有民办二级学院基本相同，大多采用我国政府或高校与国外有关教育组织或高等教育机构进行合作的模式，双方在自愿、平等和互利的基础上签订与履行合作办学协议。这类独立学院一般都有独立的校园、独立的行政管理和教学组织管理机构及独立的财务体系。由于是双方共同投资举办的，所以双方均享有对该机构的产权，实行共同投资、共同管理、共同分配。

2. 非独立设置的中外合作办学机构

与独立设置的中外合作办学机构相比，非独立设置的中外合作办学机构虽然也有完整的组织结构，以及独立的管理制度和教师队伍，但因为不具有法人资格，所以具有非独立的性质。

非独立设置的中外合作办学机构主要是指高校中因中外合作办学而成立的二级学院，它们既是大学下属众多学院中的一员，要遵照大学的规章办学，又由于中外合作办学的性质而保留了一些办学的自主性和灵活性。虽然非独立设置的中外合作办学机构财务独立，但其招生计划、发展规划等均需要得到上级大学的认可。

无独立法人资格的中外合作办学二级学院（以下简称二级学院）主要在中方合作院校内进行办学活动。中方合作院校作为法人代表管理二级学院，并为其提供办学场所和设施。

我国的中外合办二级学院，其办学地点主要集中在东部地区。与中外合作办学的独立学院、中外合作办学项目这两种形式的合作办学相比，二级学院既独立又具有一定的依附性。独立表现在二级学院拥有一定的办学自主权，可独立招生、独立进行教学安排，师资和学费独立、财政独立、经费使用自主权相对较高；一定的依附性是指二级学院是中方院校的组成部分之一，办学活动要受中方院校的管理，且招生计划从属于母体学校。

3. 中外合作办学项目

中外合作办学项目，是指中国教育机构与外国教育机构以不设立教育机构的方式，在专业、学科、课程等方面，合作开展的以中国公民为主要招生对象的教育教学活动。它财务不独立，是我国开展中外合作办学的主要形式之一。与独立设置的中外合作办学机构和二级学院相比，中外合作办学项目数量最多、覆盖范围最广。这样的项目往往与高校中原有的教育项目并存，更多地集中在课程和师资的引进方面。合作项目一般设置在中方合作院校内，招生工作主要由中方负责，人才培养和教学安排由双方协商决定。合作项目可共享主体高校的各种资源，但必须接受主体高校的管理。

中外合作办学项目的办学层次和类别，应当与中国教育机构和外国教育机构的办学层次和类别相符合，并且一般应当在中国教育机构中已有或者相近专业、课程举办。中外合作办学项目是中国教育机构教育教学活动的组成部分，应当接受中国教育机构的管理。实施中国学历教育的中外合作办学项目，中国教育机构应当对外国教育机构提供的课程和教育质量进行评估。举办中外合作办学项目的中国教育机构应当依法对中外合作办学项目的财务进行管理，并在学校财务账户内设立中外合作办学项目专项，统一办理收支业务。

中外合作办学项目以合作项目的形式存在，是目前最容易开设和运行且数量最多的合作办学类型。其一般没有完全独立的教师队伍，但可能有少量的管理人员。

（二）按合作方式进行划分

随着全球化的深入发展和教育交流的深化，中外合作办学已成为当今教育领域的一种重要形式。中外合作办学不仅能满足学生多样化的学习需求，还能促进不同国家和地区之间教育资源的共享与交流。下面将围绕中外合作办学的不同合作方式展开，主要包括协议项目类型、双校园类型、颁发双证书类型及只颁发外方证书类型。

1. 协议项目类型

协议项目类型是一种常见的中外合作办学方式，特别适用于专科层次的办学项目。在这种模式下，学生在中国境内学校进行为期3年的学习。学校从国外大学引进部分课程及师资，由中外教师共同授课。学生在获得专科证书后，根据合作双方学校签订的协议，将学分转入国外学校，继续完成后续学业。这种合作方式的优势在于，学生可根据个人意愿决定是否出国，合作双方学校不对出国问题做出任何承诺。对于那些希望留在国内就业或寻求其他发展机会的学生来说，这种方式提供了更大的选择空间。同时，协议项目也可以促进人员和教育项目的流动，既有外籍教师访问和中国学生出国，也有将教育项目移植到国内高校的情况。

2. 双校园类型

双校园类型是近年来较流行的中外合作办学模式之一。该模式最早源于马来西亚与英国、澳大利亚等国家的学校之间的合作项目。在双校园模式下，学生先在国内高校学习 2~3 年，然后到国外高校学习 1~2 年，最终获得国外高校的相关证书。

优秀的双校园项目通常会将两所高校的课程进行融合和互通，使学生在国内学习阶段就可以接触到从国外引进的课程和教学模式，从而更好地适应出国学习的环境。然而，并非所有双校园项目都能做到这一点，有些项目的国内学习阶段几乎不引进国外合作方的课程，两个学习阶段相对独立。

3. 颁发双证书类型

颁发双证书类型是一种相对灵活且具有创新性的中外合作办学方式。无论是专科、本科还是研究生教育层次，都可以采用双证书项目。在这种模式下，中外合作教育机构共同设计教育项目，将双方的课程体系融合在一起，使教学计划满足双方的授证要求。学生在不出国门的情况下，接受合作双方大学共同参与的教育，并在完成学业后获得双方的证书。这种合作方式要求合作双方共同参与教学和管理，并对教育质量进行严格监控。在这种合作方式下，教师流动比较频繁。可以将这种模式视为真正意义上的"不出国门的留学"。颁发双证书类型的合作办学适用于我国的学历教育，可以为学生提供更多的选择。

4. 只颁发外方证书类型

只颁发外方证书类型是一种比较特殊的中外合作办学方式。虽然中外教育机构在名义上合作，但实际上教育项目主要来自外方，由外方在学生完成学业后颁发证书。中方可能提供一些教育服务或教学内容，但不颁发证书。这种模式在国内被称为非学历教育或外方学历教育。这种合作方式的特点是，学生获得的证书来自国外高校，具有国际认可性。

综上所述，中外合作办学的类型多种多样，每种类型都有其特点和适用场景。在推进中外合作办学的过程中，需要各方共同努力，加强合作，不断探索创新，为促进教育领域的国际化发展做出积极贡献。

二、高校中外合作办学的模式

中外合作办学在我国教育体系中占比不大，但作为中国教育事业的重要组成部分，它在培养社会经济发展所需要的国际化人才、促进教育体制机制改革和学科建设、服务国家外交大局、促进中外人文交流、提升我国教育国际影响力和竞争力等方面发挥着其他办学活动无法代替的作用。

（一）高校中外合作办学模式的划分

一般而言，办学模式是指举办、管理或经营学校的体制和机制的样式或范式。现代高校在发展的过程中，结构越来越复杂，类型日渐繁多，形式趋于多样化，职能不断增加。中外合作办学的出现，更为我国的高等教育增添了鲜艳的色彩。

1. 根据参与主体进行划分

就中外合作办学的合作者来看，参与高等教育中外合作办学的主要有政府、高校、企业和其他社会力量。不同合作主体间形成了多种合作模式，归纳起来主要有以下三种：

（1）校校合作。校校合作即由中国的高等教育机构与其他国家或地区的教育机构在院校、专业、学科和课程等各个层面开展合作办学，如西安交通大学和英国利物浦大学合办的西交利物浦大学。在这种模式下，一般由外方提供办学的课程设置、专业课和语言课教材以及证书，由外方学校派遣或招聘部分或全部专业课和语言课教师；由中方提供办学人员、办学场所、日常管理、基础课师资和证书。这种合作模式适用面广、可操作性强、合作方式灵活多样，具体又可分为高校与高校一对一合作、一对多合作等形式。目前，这种模式的高等教育中外合作办学最普遍。

（2）政府间合作。政府间合作模式通常由政府之间达成合作协议，共同出资开设中外合作办学机构或项目。政府间合作模式具有明显的政府推动性，在政策和资金上较易获得政府的支持与保障。

（3）学校与社会力量合作。学校与社会力量之间的合作既包括我国高校与境外企业、社会团体和组织等之间开展的合作，也包括我国海外华侨、华人组织和社团以各种方式与国内高校开展的合作。

学校与社会力量合作模式最大的优点是可以直接吸纳国外企业大量的资金，减轻合作学校在启动资金方面的压力。但这种合作项目通常带有较明显的营利特征，使办学动机变得比较复杂，给合作办学的管理和规范增加了一定的难度。如何在教育的公益性与资本的逐利性之间把握平衡是这种合作模式面临的一个关键问题。

2. 根据教学形式进行划分

（1）融合型办学模式。融合型是指将外方院校的教学模式与中方院校的教学模式相结合，运用到教学实际中。这种融合通常既包括教学计划、教学大纲和教材等方面的融合，又包括一些教学方法（如课堂小组讨论、实践教学等）的融合。这种在教学模式上进行吸收融合的办学模式不仅能实现优质资源共享，推动教学的革新，还能以相对较低的成本来培养我国目前急需的人才。这种模式在我国的合作办学中运用得比较广泛。这种办学模式的优点如下：一方面，在满足学生对国外优质教育资源需求的同时，可以减轻家庭经济负担，避免学生出国留学的不适应问题；另一方面，对中方院校来说既可节省中外合作办学的成本，又能学习外方先进的管理经验，培养教师学习新的教学方法，提高教师和学生的实践能力。

（2）嫁接型办学模式。嫁接型办学模式是中外合作双方达成学分互认协议，学生可在各自领域内完成学业，达到双方的标准后获得双方院校颁发的毕业证书和学位证书。这种模式通常对学生的入学要求更严格。对学生来说，在这种模式下他们可以直接体验国外的教学，而且在国外生活和学习能够锻炼其自立自强的能力，培养爱国情怀和责任感。此外，国内国外双证书在一定程度上也有助于毕业生就业。

（3）松散型办学模式。松散型办学模式能达成资源的双向流动。一方面，聘请外教教学或举办学习讲座；另一方面，选派本土教师赴外方院校进修、增长专业知识、学习教学经验。这种办学模式在目前的中外合作办学阶段比较少见。它是中外合作办学初期的一种探索，从整体上来说更易于操作，实践中的困难相对来说也较少。但是，它也有比较大的局限性，如只会涉及一小部分师生群体，且将学习经验充分运用到教学实际中的难度也比较大。

（4）网络授课型办学模式。网络授课型是近几年随着互联网技术与教育技术相结合而发展起来的一种新型的、非传统意义上的办学模式。它是中方办学院校与外方合作院校达成协议，互相开放资源，学生通过互联网与外方教师进行互动的一种模式。学生可通过网络查阅外方的资源，向教师提问、提交作业；外方教师可通过邮件和视频等方式向学生传达教学内容，师生通过网络进行学术探讨活动。这种办学模式可以减轻学校在人力、物力和财力上的压力。在这种模式下，学生的学习时间安排相对来说也比较灵活。因此，这种办学模式对学生的自主学习能力和学习的自觉性要求也较高。这种办学模式所占的比重可能会随着社会的发展逐渐增加。但是，它并不适用于所有阶段的办学，更适合成人教育。

（二）高校中外合作办学模式的特点

1. 办学主体呈现多元化

高校中外合作办学模式正呈现多元化发展的趋势。随着教育国际化的推进，合作办学模式越来越丰富，办学主体也日益多元化。在这一趋势下，政府不再是唯一的主导力量，而是与社会各界共同参与，共同推动中外合作办学的发展。

在多元化的合作模式中，政府在办学过程中的角色依然重要。政府承担着资格审批、办学评估、质量监管等职责，需要确保合作办学项目符合国家政策和教育法规的规定，保障社会效益和教育主权。

同时，高校在中外合作办学中的自主运营也日益突出。高校具有丰富的办学经验和优势，能够通过合作协商与外方机构进行权益保障和教育资源共享，实现合作办学的双赢局面。

多元化的合作办学模式为高校带来了更多的发展机遇和选择。高校可以根据自身的实际情况和发展需求，选择合适的合作伙伴，开展符合自身特色的合作项目，推动高校办学水平和国际影响力的提升。

高校中外合作办学主体的多元化反映了教育领域合作的广泛性和灵活性。政府、高校和社会各界的共同参与将促进合作办学的健康发展，为中国教育的国际化进程注入新的活力。

2. 办学方式灵活多样

高校中外合作办学方式呈现出灵活多样的特点。在招生方式上，高校会采取灵活多样的方法，既包括面向国内学生的高考招生，也包括面向国际学生的招生项目，确保了生源的多样性与充足性。同时，在办学内容方面，高校注重将国外教育理念与中国本土实际相结合，为学生提供既有利于思想政治教育又贴近社会主义核心价值观的课程设置和学生党建管理。

在办学理念和教学设置方面，高校中外合作办学更加注重国际化。学校积极引进国外先进的教学模式和管理经验，确保教学质量与水平的提升。同时，学校还加强了教育资源的整合，拓展了师资队伍，努力打造国际化的教育环境。

在管理体系构成方面，高校中外合作办学呈现出市场化和公益性并存的特点。学校设立了董事会，实行校长负责制，更加灵活地管理学校的财务和事务。然而，尽管市场主导性较强，但学校仍坚持公益性原则，确保办学过程中的社会效益和教育质量，不仅追求经济利益，还注重投资回报的社会价值。

在专业设置和学费标准方面，高校中外合作办学也体现出灵活性特点。学校会根据市场需求和学生选择，灵活设置专业，并合理确定学费标准，保证财务运作的顺利进行，满足学生和社会的需求。

（三）高校中外合作办学模式的优化

高校中外合作办学模式的优化需要政府、社会及高校自身的共同努力。从外部环境来看：一方面，制度环境能够支撑中外合作办学模式发展，推动办学模式的丰富和良性发展；另一方面，社会环境有利于办学的规范化发展，使合作办学能够在培养国际化人才、提升社会经济水平及促进我国国际化发展等方面起到推动作用。从高校自身内部环境来看：在教学上，可以取长补短；在内部管理体制上，可以借鉴国外大学成功的管理模式，如校董会制度、内部质量保障体系的构建等，从而引发我国对高等教育体制改革的一些思考。高校中外合作办学模式优化的总体目标包括以下几点：合作办学模式实现特色化发展，在模式选择上实现差异化，在管理上实现分类指导，使办学与地方特色充分结合。要实现中外合作办学模式的优化，可从以下几个方面入手：

1. 学校方面

（1）加强内部环境管理。为加强高校中外合作办学模式的内部环境管理，需要建立完善的管理体系。这包括构建教学部、人事部、财务部、学生服务部、设施保障部、市场部等部门，明确岗位设置和工作流程，畅通沟通渠道，建立有效的会议机制和内部组织，明确联系人员，确立管理理念和管理方式。另外，师资和管理队伍建设也非常重要。高校需要着重引进和培养外籍教师和中方教师，建立科学的培养计划和出国培训机制，促进教学模式的创新。管理队伍也需要精简高效，注重员工学历与能力、学识与创造力的提升，以适应合作办学的需求。

此外，教学环境建设是不可忽视的一环。高校需要投入资金，不断完善现代化的教学设施，进行教学环境改造，增添设备，提升学习和生活环境质量，确保教学条件和办公条件达到一定的标准，满足合作办学的需求和要求。

加强高校中外合作办学模式的内部环境管理是一个全方位的工程，需要从管理体系、师资和管理队伍建设及教学环境建设等方面入手，不断提升和完善，以确保合作办学项目的顺利开展和长期稳定发展。

（2）构建国际教育平台。构建国际教育平台是为了促进国际交流与合作，与各地的合作伙伴分享先进经验，共同探讨教学组织、管理理念、人才培养模式等方面的问题。这个平台的核心在于打造具有高度国际化程度的教育环境，包括教学内容、教学方法和评估体系，以培养学生的跨文化交流能力和全球视野。在构建国际教育平台的过程中，校企合作非常重要。高校与企业合作，可以更好地培养学生的实践能力，让他们了解和掌握主流技术和竞争管理理念。校企合作还包括安排学生参与实践项目、社会调研项目及校外实习，从而使学生在实践中不断成长。

为了构建国际化教育平台，高校需要建立国际学院和国际交流中心，吸收国际资源，进行本土化整合。同时，高校还需要建立教学管理平台，带动教师联合培养，加强学科建设和国际科研合作，以营造国际化氛围，促进学生的全面发展和国际竞争力的提升。

构建国际教育平台不仅是为了提升学校的国际影响力和竞争力，更是为了培养具有全球视野的优秀人才，推动教育的跨越式发展，为世界教育事业做出贡献。

（3）创新学校运行机制。创新学校运行机制旨在树立新型办学理念，这包括教学理念和管理理念的创新。在教学方面，学校应确立平等的教学理念，将师生关系视为合作伙伴关系，关注并满足学生的需求，倡导情感交流和平等对话，实现师生共同成长。在管理方面，学校则应以平等友好为原则，建立合作规约，加强沟通与交流，尊重各个主体的地位，共同解决问题，营造良好的办学环境。

为优化教学管理，学校应着力于教学模式的创新，加强教学团队建设，完善教学管理制度，明确教师工作制度和学生管理机制，确保教学工作的顺利进行。

在促进办学制度创新方面，学校应秉持知识理念、科技水平、教育国际化的原则，不断进行制度创新，以适应发展的要求。高校应重视优秀人才的培养，注重培养学生的全球视野，提升其在国内外的影响力和竞争力。

创新学校运行机制是学校持续发展的关键之一。树立新型办学理念、优化教学管理和促进办学制度创新是推动学校持续发展的有效途径，可以为学校的发展注入新的活力，为培养未来社会所需的人才做出积极贡献。

（4）转变高校办学方式。转变高校办学方式意味着开放办学空间，实施教育国际化战略，打造开放性的人才培养模式。这需要与各国的合作伙伴建立紧密联系，推动跨境学习和跨校学习，拓展办学模式，充分利用校外资源，并积极参与实验区建设，以促进高校办学水平的全面提升。

在转变高校办学方式的过程中，应突出国际化教育培养特色，包括加强思想政治教育体系建设，注重爱国主义教育，建设在线党支部；改进语言培养模式，加大外教参与管理的力度；提升英语应用能力，注重 4E（Energy, Energize, Edge, Execute）能力培养，推动原创英语活动；加强校园文化建设，坚持马克思主义指导理念，建立核心价值体系，举办丰富的学术讲座和社团活动，培养学生全面发展的能力和素质。

通过转变高校办学方式，高校将更加开放，更具国际化视野和竞争力。这种变革不仅能推动高校教育教学模式和管理模式的创新，还能培养适应国际化发展需求的优秀人才，推动高校教育事业的健康发展。

（5）进行跨境学习全阶段监控。在经济全球化的背景下，高等教育也步入国际化轨道，高校中外合作办学扮演着重要角色。为了确保合作办学的质量和效果，需要建立完善的学生管理质量保障体系和教学管理质量保障体系。跨境学习涉及学生能力培养、英语应用能力、跨文化沟通能力、专业实践能力及创新能力等方面。

跨境学习的监控应覆盖学习的全阶段，从学生入学开始直至毕业。在学生管理质量保障体系中，需要建立有效的监控机制，以确保学生的学习过程和学业发展得到及时关注与指导。这包括对学生的学习情况、学习能力、学业成绩等方面进行全面跟踪和评估，及时发现和解决问题。

同时，在教学管理质量保障体系中，跨境学习的监控也至关重要。学校应建立完善的教学质量监控体系，以确保教学质量的持续改进。这包括建立教师激励机制和教师评估体系，鼓励教师积极参与跨境学习，提高教学水平和教学质量。

进行跨境学习全阶段监控是保障高校中外合作办学质量的重要举措。只有通过有效的监控机制，才能及时发现问题、解决问题，确保合作办学项目的顺利开展和高质量发展。

（6）推动特色模式办学。在高等教育领域，中外合作办学作为一种多元、开放和灵活的办学模式，正逐渐成为推动高校特色发展的重要途径之一。这种合作办学模式不仅可以借鉴英国等国家的成功经验，提高教育资源利用效率，还有助于地方高等教育的特色发展。

在推动特色模式办学方面，高校可以充分利用自身的优势和特色，结合中外合作办学的机遇，积极探索适合自身发展的办学模式。可以通过与国外优秀教育机构合作，借鉴其先进的教育理念和管理经验，提升办学效率和质量，推动高校办学模式的创新与优化。

地方高校可根据自身的地理位置优势和产业发展需求，灵活选择适合本地发展的中外合作办学模式。例如，可以在人才培养方面侧重地方特色产业的需求，打造与地方产业相适应的专业方向，提升地方高校的办学水平和竞争力。

此外，高校在选择办学模式时应注意避免简单地效仿，而是要根据自身实际情况和长远发展需要，进行差异化发展。只有不断探索和创新，才能实现中外合作办学模式的长期可持续发展，为高等教育的多元化发展和高校特色建设贡献更多力量。

2. 政府方面

（1）创设良好的外部环境，可以采取以下措施：

第一，提供政策保障。在高校中外合作办学领域，政府应着力创设良好的外部环境，并提供充分的政策保障，以推动该领域的健康发展。首先，政府应确保政策更新的及时性和全面性，及时调整和完善相关政策，以适应教育主权的发展和国际化的趋势。其次，政府可以积极借鉴国外成功经验，在财政支持方面加大力度，为中外合作办学提供必要的资金支持，保障其公益性和稳定发展。最后，政府还应明确中外合作办学的管理职责，规范信息公开和社会互动机制，加强对中外合作办学的宣传，提高其在社会中的知名度。

第二，采取严格的管理措施。在推动高校中外合作办学方面，政府需要采取严格的管理措施，以确保合作项目的质量和效果。首先，政府应制定认定细则，明确中方对合作办学项目的要求，包括对合作方的资质要求，对国外优质教育资源的选择标准，对办学层次、师资力量、研究水平等方面的要求，以及合作办学的国际排名和国际化水平等。其次，政府应严格执行行政审批程序，加强对合作办学项目的考察。在考察时，要全面了解合作办学项目的情况，确保其符合相关要求。政府还应加强对师资团队的考核，提高其执行力，确保合作办学项目的教学质量和管理水平。最后，政府还可以通过建立相应的奖惩机制，激励合作办学项目有优秀的表现，同时对违规行为进行严肃处理，以维护合作办学项目的良好秩序。

（2）加强办学监督，以确保合作项目的质量和效果。

第一，政府可以通过制定相应的政策措施，明确中外合作办学的相关规定，为中外合作办学活动提供政策依据。

第二，政府应成立专门的参谋和监督部门，加强对中外合作办学的监督和管理，及时发现和解决问题，并对不符合要求的机构进行强制整改。此外，政府还可以考虑引入第三方监管机制，加大对中外合作办学的监督力度，确保其健康、稳定地发展。

第三，政府应建立质量监控体系，对合作办学项目进行全面的监督和评估，确保其达到一定的教育质量标准。

第四，在模式方面，政府应当强调法治思维，加大对合作办学活动的执法力度，确保法律规范的贯彻执行。教育行政部门和执法者应秉持公正、客观的原则，维护合作办学秩序和教育公平。只有确保合作办学的专业性和公正性，才能提升社会公众对合作办学项目的信任度，推动我国高等教育事业的健康发展。

第三节　高校中外合作办学项目的国际化人才培养

构建中外合作办学人才培养模式，应紧紧围绕教育教学国际化这一主线，充分学习、借鉴和利用各种优质的教育资源，通过消化和吸收、移植和内化，逐步形成符合本校发展的具有自身特色的人才培养模式，以达到提高教育教学水平和人才培养质量的目的。

一、创新办学理念

随着全球化的深入发展和高等教育国际化的趋势，高校中外合作办学正成为教育领域的重要形式之一。在这个背景下，创新办学理念尤为重要。下面将围绕创新办学理念在高校中外合作办学中的实践与意义展开论述，旨在探讨如何通过创新办学理念，培养国际化人才，提升教育质量，推动高校发展。

在理论层面，创新办学理念涉及教育观念的更新与变革。传统的教育观念往往难以适应全球化背景下的人才培养需求。因此，需要通过创新办学理念，打破传统的教育观念，推动教育模式的创新与变革。另外，创新办学理念涉及管理者、决策者和引领者的作用与责任。这些人员在高校中的地位和作用极其重要，他们应当具备国际化视野和先进的管理理念，引领学校实现宏观发展，推动国际化管理理念的落地和实践。

在实践层面，创新办学理念需要体现在教学活动的方方面面。其一，教学任务应与国际化人才培养的需求相结合，注重培养学生的综合素质和创新能力，而不仅仅是传授知识。其二，开展海外学习和交流项目，可以为学生提供更广阔的学习空间，提高其跨文化交流能力。其三，创新办学理念还需要体现在学习主体的转变和学生学习理念的更新上。传统的教育模式往往过于注重教师的灌输，而忽视学生的主动学习能力。因此，应通过创新理念，鼓励学生参与到教学活动中，培养其主动学习和自我解决问题的能力。

创新办学理念的实践不仅能提升高校的教育质量，还能增强学生的综合能力和竞争力。在国际化人才培养方面，创新办学理念能够促进学校与国外优质教育资源的对接，拓宽学生的学习渠道，提升其外语水平和综合技能。另外，创新办学理念的推行还能推动高校的国际化发展，提升其在国际教育领域的影响力和竞争力。通过创新办学理念，高校可以更好地适应全球化的发展趋势，培养更多具有国际竞争力的优秀人才，为国家的发展和社会的进步做出积极贡献。

总的来说，创新办学理念在高校中外合作办学中具有重要的意义。只有不断探索和实践创新办学理念，才能推动高校教育事业不断发展，实现教育的可持续发展和社会的全面进步。

二、开拓交流项目

（一）增加参与国际交流的机会

国际化人才培养已成为高等教育领域的重要任务之一。在当前全球化的背景下，培养具有国际视野和跨文化交流能力的优秀人才对于高校来说尤为重要。国际化人才不仅能适应日益复杂多变的国际环境，还能为国家的发展做出积极贡献。因此，增加参与国际交流的机会是提升国际化人才培养水平的关键举措之一。

为了增加学生参与国际交流的机会，高校可以积极开展多样化的国际交流项目。这些项目可以包括国际性大学组织的交流项目等。通过参与这些项目，学生可以在国外学习和生活一段时间，增强自己的跨文化交流能力，拓宽国际视野。

为了支持国际交流项目的开展，高校需要加大经费投入，并积极争取社会资本和政府政策的支持。可以设立专门的学生奖学金，资助学生参与留学活动，同时加强与社会机构的合作，设立专项奖学金，为学生提供更多的国际交流机会。此外，还可以建立长效机制，确保经费的持续投入，为学生的国际交流活动提供更好的保障。

除了提供国际交流项目的机会，高校还应该引导学生积极参与国际交流活动。可以通过举办国际化人才培养的宣传活动，向学生介绍国际交流的重要性和意义，鼓励他们积极参与国际交流活动。同时，还可以加强对学生的指导和培训，提升其国际交流能力和适应能力，确保国际交流活动的顺利开展。

综上所述，增加参与国际交流的机会对于提升高校中外合作办学项目的国际化人才培养水平具有重要意义。高校应积极开展多样化的国际交流项目，加强经费投入和社会资本支持，引导学生积极参与国际交流。

（二）注重对交流生的各项管理

在高校中外合作办学项目中，国际化人才培养是一项非常重要的任务。对于参与国际化交流项目的学生，特别是交流生来说，各项管理尤为关键。这不仅关乎学生个人的成长与发展，也直接影响高校国际化教育的质量和水平。因此，高校在国际化人才培养中应注重对交流生的各项管理，以确保其学习和生活的顺利进行。

第一，高校应为交流生提供必要的培训，包括语言表达能力的提升、对国外教学适应能力的培养等。这样可以帮助交流生更好地适应留学生活，并顺利融入国际化的学习环境中。同时，高校还应该引导交流生拓宽视野，了解不同国家的文化风俗，培养跨文化交流能力，以提升其国际竞争力。

第二，高校应建立健全对接机制和管理体系，及时了解交流生的实时状态，并对其学习状况进行汇报和评估。同时，高校还应建立留学质量保障机制和监督机制，确保交流生的学习成果得到有效验证，科研成果符合量化标准，对学生的奖励和处罚明确合理。

第三，高校应重视对留学归来学生的接纳和培养。针对留学归来学生的特点和需求制订相应的培养计划，可以帮助他们更好地融入国内的学习和生活中，并发挥其在国际交流中培养的能力。

第四，高校应当规范留学派入高校的管理，加强与合作院校的沟通与协调，确保交流生的留学经历得到有效管理和保障。这包括对交流生的选拔、派遣、接待、培养等环节的严格把控，以及建立留学派入高校的长效管理机制，为交流生的学习和成长提供更好的支持和保障。

针对交流生的各项管理是高校中外合作办学项目国际化人才培养中不可忽视的重要环节。只有加强对交流生的培训与管理，建立健全管理机制和监督机制，以及重视留学归来学生的接纳与培养，才能够确保国际化人才培养工作的顺利进行。

（三）搭建与留学生交流的平台

在高校中外合作办学项目中，搭建与留学生交流的平台是提升国际化人才培养水平的重要举措之一。这样的平台，可以促进留学生与本校学生之间的交流与合作，拓宽学生的国际视野，提升其语言和跨文化交流能力。

第一，高校应提供多样化的国际交流活动，包括但不限于学术交流、文化交流、体育交流等。这些交流活动可以通过举办国际文化节、国际学术讲座、汉语角、外语角等形式进行，为留学生和本校学生提供交流与合作的机会，拓宽学生的国际视野。

第二，高校应加强语言课程的建设，提升留学生的汉语水平，提升本校学生的外语水平，为他们的交流与合作打下基础。此外，高校还应该建立有效的学生活动沟通平台，包括但不限于校共青团委员会、学生工作办公室、学生会等组织，为学生的交流活动提供支持。

第三，针对留学生和本校学生的不同需求与兴趣，高校应设计丰富多彩的交流活动，如破冰游戏、文化体验活动、合作项目等。参加这些活动，可以促进学生之间的相互了解和交流，增强他们的合作意识，培养他们的团队合作精神和领导能力。

第四，高校在搭建与留学生交流的平台的过程中，应该循序渐进，不断提升活动的质量。可以通过不断总结经验、优化方案、加强评估等方式，不断改进和完善交流活动，确保其能够达到预期的教育目标和效果。

总之，搭建与留学生交流的平台是高校中外合作办学项目国际化人才培养的重要举措之一。提供多样化的交流活动，加强语言课程与交流平台建设等，可以有效促进留学生与本校学生之间的交流与合作，为培养更多具有国际视野的优秀人才做出积极贡献。

三、开展特色办学

我国高校教育在高等教育战略规划和现代职业教育体系部署下，急需统筹好国际化人才培养和传统学历教育之间的关系，积极发挥示范性高校在"内涵式"发展道路上的引领作用，主动增强院校在人才培养教育活动中的主导性。高校应主动协调好国际化与本土化、综合化与专业化、统一化与多元化之间的关系。

（一）本土与国际相结合

各国高校教育的兴起和发展都有特定的经济、社会与历史文化背景，不同的国情决定了不同的发展模式。高校在形成适合自身发展的国际化人才模式时，可考虑采用本土与国际培养模式相结合的方法。高校实施本土与国际相结合的国际化人才培养模式，可从以下几个方面展开：

1. 专业设置方面

专业是经济社会中行业的缩影，代表了各行各业的核心特征，同时也是高校培养的人才适应行业需求的重要前提。为了实现良性循环，专业设置必须与社会经济密切结合。在正确贯彻高校国际化人才培养模式的过程中需要注意以下几点：首先，应引入国外优质专业资源，并建立与本国地方经济发展和行业需求相契合的专业体系。其次，需要借鉴国际观念和信息技术，加速完善专业建设，持续调整专业培养目标、教学计划、课程设置和内容，以使之与本土传统专业相协调。最后，建议各地政府教育部门与当地高校合作，充分考虑本地经济历史、发展优势和行业特征等实际情况，增设与地方技术产业、服务产业和新兴产业关联紧密的国际化专业。这样，高校便可逐步成为地方应用技术人才培训基地，与社会需求保持同步，并引领地方基础经济的持续发展。

2. 课程实施方面

建立校本课程与国际课程相结合的课程制度是推动教育国际化的重要举措之一。该制度的实施既需要改造旧的校本课程，又需要增设新课程，以实现校本课程与国际课程的有机融合。在实现时可以采取以下措施：①引导教师开发校本教材，同时灵活运用外国教材进行辅助教学。在传统课程中增加国际化内容的辅助读本，以扩充学生的知识储备。②实施具有国际化主题的新课程，培养学生关注国际新技术和科技发展趋势的意识，从而培养学生的国际化学习习惯。③积极引入与本土专业培养目标相适应的国际职业资格证书课程作为辅修课程，增强学生的职业素养和国际竞争力。

在推进校本课程与国际课程相结合的过程中，应关注学生的接受能力和适应情况，因材施教，并循序渐进地将国际化课程融入高校人才培养模式中。

此外，为了更好地实施国际化教育，还应采取以下措施：

（1）制订中西合璧的教学计划，开设专门的国际教育课程，使学生了解他国公民的思维方式、行为习惯等，并引进世界前沿学科，缩小与发达国家的差距。

（2）建立科学的课程体系，包括体现专业服务思想的通识教育课、按学科大类构建的学科基础课、精简的选修课、紧贴岗位需求的专业课及突出应用型本科特点的实践环节设置。

（3）以完全学分制为中心，完善人才培养制度，使学生能够根据自己的实际情况灵活选择学时和课程，真正做到学有所好、学有所成。

3. 国际化合作交流与办学方面

高校应当树立典范，成为榜样的引领者，发挥其在国际化合作交流与办学方面的积极作用。随着我国高校国际化合作交流与办学政策环境的不断成熟，以及校园物质条件的不断改善，高校可与国外优秀院校建立战略联盟，开展合作，实现优势互补，共同发展。

在国际化合作交流与办学中，高校可以按照外资企业的标准培养人才，使他们直接进入企业服务，这样既能减轻企业在人员培训方面的压力，又能缓解高校的就业压力。同时，通过与海外高校合作，我国本土院校在师资培养和教学计划方面可以得到较多的支持与资源，增强人才培养的核心实力。海外高校通过接收我国学生，不仅可以积累丰富的人才培养经验，还可以凭借留学费用增加收入。

高校国际化合作交流与办学模式的良好运作不仅能为示范性院校带来发展机遇，还能辐射到地区内的其他高校，逐步形成地区高校国际化培养优势。这种模式的成功经验将为其他高校提供借鉴，推进整个地区高校的国际化进程。

因此，高校应积极倡导国际化合作交流与办学，与国外优秀院校建立紧密的合作关系，共同推动我国高等教育的国际化发展，为培养具有国际竞争力的人才做出积极贡献。

（二）多元与统一相结合

在高校的国际化办学中，为实现人才培养效益最大化，确实需要建立统一的国际化人才培养制度，并在此基础上采取多元化的教学管理措施。以下是一些具体的建议：

第一，建立统一的国际化人才培养制度。高校应该建立统一的国际化人才培养制度，包括对学生和教师的培养要求、课程设置、评价体系等方面的规定，以确保各项工作有序进行。

第二，设立教学监督管理机构。在院系中设立专门的教学监督管理机构，负责监督和管理各院系的国际化教学活动，可以确保教学质量和效果。

第三，建立多元的国际化考核制度。在学科专业中，建立多元的国际化考核制度，包括在英语、操作技能和理论知识三个维度上对学生进行定期考核，可以综合评价其国际化能力。同时，对教师也要建立综合考核制度，评价其在课堂教学、知识储备和实训方面的表现。

第四，统一管理合作办学项目。对多元的合作办学项目进行统一管理，包括校校合作和校企合作，确保合作主体的选择多元化，同时借助政府力量，积极与国内外企业和职业院校进行联络交流，拓宽合作渠道。

通过建立统一的国际化人才培养制度和多元的教学管理措施，高校能够更好地保障国际化人才培养工作的质量和效率，为劳动力市场提供高质量的国际化、技能型人才。

（三）专业与综合相结合

经济全球化和信息化的发展使世界变得越来越紧密，各国在教育领域的交流也变得更加充分和密切。在这样的背景下，高校国际化人才培养的层次和规模都得到了前所未有的扩大。因此，当前高校必须紧跟经济社会发展的需求，为社会劳动力市场提供国际化、应用型和技术型人才。同时，高校还应坚持国际化制度建设的综合化和机构设置的专业化同步进行的思路。

在制度建设方面，高校需要将国家级、地区级和学校级针对高校国际化办学的制度规范与国家在高等教育、职业教育和国际化教育方面的综合规划同步执行。这意味着要建立一套完善的制度体系，以确保高校国际化人才培养工作能够顺利实施。

在机构设置方面，高校应该在学校行政机构中设立专门的国际化教育办公室，由具有专业处理国际化教育业务经验的人员组成，负责学校国际化综合业务的管理和协调，以保证高校国际化人才培养工作的顺利进行。同时，根据院校的规模和培养需求，高校还应该逐步在各个学院建立以国际化培养和合作办学为主的二级学院，如国际教育学院、国际合作教育学院等。这样的机构设置既能保证各个专业化机构在国际化人才培养任务上的顺利进行，又能提高高校国际化办学的效率和质量。

因此，从制度建设到机构建设，高校应该以综合化的制度保障和专业化的机构设置为基础，全面推进高校国际化人才培养工作，以满足经济社会发展的需求，提升高校国际化办学的质量和水平。

四、加强课程建设

课程国际化是一项牵涉面很广的系统工程，只有通过各方的努力才能得以良好地实施。完善国际化课程体系是培养大学生国际化能力的有效途径之一。具体而言，有以下几个建议：

（一）设置国际化课程

在高校中外合作办学项目中，设置国际化课程是提升国际化人才培养水平的关键环节。随着知识更新速度的加快和全球化的发展，传统的教学内容可能已经不能满足当今国际社会的需求，因此，高校需要不断地更新课程内容，注入更多的国际元素，以培养更具国际竞争力的人才。

第一，需要明确的是，国际化人才的培养需要具备国际化的知识储备和能力。这意味着学生不仅需要掌握专业知识，还需要具备跨文化交流能力、国际视野和全球意识，并且能够适应不同文化背景下的工作环境。因此，国际化课程的设置应当突出培养学生的国际化能力，为其在国际舞台上的发展奠定坚实基础。

第二，高校应当不断更新课程内容，并注入更多的国际化元素。传统的大学生专业课程中可能存在过时和陈旧的内容，需要通过引入新的国际化内容来更新。举例来说，耶鲁大学法学院的"程序法"课程就在传统"法学"课程的基础上，增加了专业的国际内容，使学生在学习法律的同时也能了解国际法律体系和国际司法实践，从而更好地适应全球化的法律环境。

第三，除了专业课程，通识教育课程也是培养国际化人才的重要途径之一。这些课程涵盖国际政治、国际经济、国际关系等方面的知识，可以帮助学生树立国际化视野，提高跨文化交流能力。同时，高校还应该开设一些与专业相关的选修课程，以满足学生个性化的学习需求，帮助他们更好地发展自己的专业能力和兴趣爱好。

第四，在设计教学计划时，高校应该充分考虑国际化课程的设置。这些课程应涵盖不同领域和学科，具有国际性和前瞻性，能够引导学生不断拓宽自己的学术视野，积极参与国际学术交流与合作。同时，高校还应该加强与国外高校和机构的合作，引进国际一流的教育资源，为学生提供更广阔的学习平台和更丰富的学术资源。

总之，在高校中外合作办学项目中，设置国际化课程是提升国际化人才培养水平的重要举措。可以通过更新课程内容、注入国际化元素、设计通识教育课程和选修课程，以及加强与国外高校的合作，有效培养具有国际视野和全球意识的优秀人才，为其在国际舞台上的发展做好充足准备。

（二）设置多元化语言课程

在当今全球化的背景下，高校中外合作办学项目日益受到关注，其重要性不言而喻。其中，语言课程作为国际交流的桥梁和国际化人才培养的重要组成部分，更是备受关注。在高校中外合作办学项目中，设置多元化语言课程尤为重要，它既有助于提升高校的国际化程度，又能满足学生多样化的学习需求，推动学生综合素质和语言能力的提升。

高校中外合作办学项目应以国际化视野的培养为导向，充分考虑学生的个性化学习需求和职业发展方向，拓展外语课程设置。除了通用的英语课程，还应该引入其他重要语种的学习，如西班牙语、法语、德语、日语等，以满足学生的不同需求，提升他们的跨文化交流能力。

为了提高语言课程的吸引力和实用性，高校中外合作办学项目应该创新教学模式，丰富语言课程内容。除了传统的听、说、读、写技能训练，还可以引入文化、历史、商务等内容，通过多样化的教学活动和案例分析，激发学生的学习兴趣，提高他们的语言应用能力。

除了通用语言课程，高校中外合作办学项目还应该强化专业语言课程的设置，根据学生的专业背景和职业需求，设置相关的专业语言课程。这些课程旨在帮助学生掌握与专业相关的术语和交流技巧，提高其专业素养和就业竞争力。

为了增强语言课程的教学效果，高校中外合作办学项目应该注重教学形式的多样性。可以采用讲座、讨论、小组活动、角色扮演等形式，激发学生的学习兴趣，促进他们语言能力和综合素质的全面提升。

高校中外合作办学项目还应该结合学生的实际需求，制订个性化的学习计划。通过了解学生的学习背景、兴趣爱好和职业发展方向，设计符合其需求的语言课程，可以帮助他们达到预期的学习目标，实现个人发展和职业规划。

综上所述，高校中外合作办学项目的多元化语言课程设置对于提升学生的语言能力、促进其综合素质和职业发展具有重要意义。只有不断创新教学理念，丰富教学内容，强化教学形式，结合实际需求，才能更好地满足学生的学习需求，培养更多具有国际竞争力的优秀人才。

（三）多方参与课程建设

高校中外合作办学项目的课程建设是一个多方参与的复杂过程，需要教师、课程编制者、学生等多方的积极参与。在这个过程中，各方应该充分发挥自己的优势，共同致力于打造符合国际化标准、满足学生需求的课程体系。

教师是课程建设的重要参与者，他们的态度和参与程度直接影响课程的质量与效果。教师应具备国际化视野和知识，拥有丰富的经验，并掌握相应的教学方法。教师应积极参与国际化课程的编写与修改，确保课程内容与实际需求相符，同时为学生提供全面的教学指导和支持。

课程编制者是课程建设的主导者，他们应该具备丰富的专业知识和教学经验，能够根据实际需求设计符合国际化标准的课程体系。在课程编制过程中，课程编制者应充分考虑教师和学生的意见，确保课程内容的科学性和实用性。实施者则是课程建设的执行者，他们应该根据课程内容和教学目标，制订相应的教学计划和教学活动，确保课程的顺利实施和有效运行。

学生是课程建设的重要对象，他们的需求和特长应该被充分考虑到。教师应根据学生的不同需求和特长，设计出多样化的教学内容和教学活动，激发学生的学习兴趣，提高他们的学习积极性和参与度。同时，还应该注重培养学生的创新能力和实践能力，为其未来的职业发展打下良好的基础。

课程建设应紧密结合专业领域的实际需求和实际操作，确保课程内容和教学方法与实际工作场景相符。在课程编制过程中，应该邀请相关领域的专家和从业者参与，结合实际案例和项目，设计出具有针对性和实用性的教学内容，为学生提供更加丰富和全面的学习体验。

在高校中外合作办学项目的课程建设中，只有充分发挥各方的优势，紧密结合学生需求和实际需求，才能打造出优良的课程体系，为提高学生的综合素质和促进其职业发展提供有力支持。

五、建设教师队伍

（一）提高校内教师的国际化能力

高校中外合作办学项目对提高校内教师的国际化能力具有重要意义。教师的国际化水平不仅关乎教学质量的提高，还关系到学校的国际声誉和影响力。因此，高校应通过多种途径和手段，不断提高教师的国际化能力，以适应日益国际化的教育环境。

第一，高校可以通过国际性培训与交流来提高教师的国际化水平。这种培训与交流包括参加国际学术会议、赴国外高校进行学术访问、参与国际合作项目等。通过参加这些活动，教师可以了解国际教育领域的最新动态，拓宽学术视野。高校可以选拔本校优秀教师前往国外知名大学和研究机构进行深造。通过赴国外知名大学进行研学，教师可以接触到国际一流的学术资源，了解国外先进的教学理念和方法，提高自己的学术造诣和国际交流能力。

第二，高校应该加强教师之间的学术交流和合作。通过组织国内与国外之间的校际学术交流活动，学校可以促进教师之间的学术交流和合作，提高教师的学术水平和科研能力。同时，学校还可以加大对科研活动的经费投入，支持教师参与国际合作研究，提升国际化水平。

高校中外合作办学项目应该通过多种途径和手段，不断提升教师的国际化能力，以适应日益国际化的教育环境。只有这样，高校才能在全球化的背景下，培养出更多具有国际竞争力的优秀人才，为国家的发展和进步做出贡献。

（二）建立科学的教师激励体系

建立科学的教师激励体系对于高校中外合作办学项目的发展至关重要。该体系旨在激发教师的积极性和创造力，提高其教学水平和科研能力，从而推动项目的持续发展和教育质量的提升。在构建该体系时，需要考虑多种因素，包括国际化师资队伍建设、青年骨干教师出国计划、激励措施的具体内容和实施方式等。

第一，国际化师资队伍建设是激励体系的基础。高校可以通过招聘优秀的国内外教师，引进海外知名专家和学者，培养青年骨干教师等方式，不断丰富师资队伍，提高教学水平和科研实力。

第二，青年骨干教师出国计划是针对年轻教师的激励政策，旨在激励年轻教师在国际学术领域获得更多的机会和认可，促进其学术成长和发展。

第三，学校可以设立留学基金，为有意愿出国深造的教师提供资金支持，帮助他们实现个人发展目标。在资助过程中，学校需要建立跟踪评估机制，以确保资金的使用透明和有效。

第四，学校还可以通过扶持和奖励的方式，激励教师参与国际课程开发、国际学术活动等，促使教师将科研成果转化为教学能力的提升，从而更好地服务于学生的国际化培养。

总的来说，建立科学的教师激励体系，可以有效激发教师的积极性和创造力，提升教育质量和竞争力，为学校的长远发展注入强劲动力。

（三）引进海外优秀的师资力量

在高校中外合作办学项目中引进海外优秀的师资力量是提升教育质量、推动学校国际化发展的重要举措。引进海外优秀的师资力量，可以丰富教学资源，提升教学水平，培养学生的国际视野和竞争力。

首先，高校可以引进外籍教师作为双师型教师，以懂教育、通实践的专门人才为特色。外籍教师能为学生提供与国际接轨的教育服务，促进学生的跨文化交流与交融。

其次，高校可以通过引进海外知名专家学者来丰富办学特色与学科优势。借助国际资源，学校可以建立专门的研究机构，吸引高端专家学者参与学校的教学和科研工作，为学生提供更加丰富多样的学习机会。为了吸引知名专家学者，学校可以建立灵活多样的薪酬机制，提供有竞争力的薪酬待遇，同时可以通过地方财政投入和社会资金支持来提供经费支持。

最后，为了更好地管理和留住海外教师，学校需要建立完善的外籍教师引进管理体制。这包括制定引进政策、提供教师住房和生活保障、解决教师子女的教育问题等。这些制度保障，可以增强海外教师的归属感和安全感，提高他们的工作积极性和创造力，从而更好地促进学校的国际化发展。

引进海外优秀的师资力量，可以有效提升高校中外合作办学项目的教育质量和国际化水平，促进学生的全面发展和成长。这不仅有利于学校的长期发展，也有助于培养更多具有国际竞争力的优秀人才。

第二章　高校中外合作办学项目开展思想政治教育的背景分析

第一节　高校中外合作办学项目中学生的构成与适应性问题

中外合作办学旨在通过国外先进教育理念和优质教学资源的引入，培养综合素质高的复合型人才。中外合作办学项目是当今全球教育领域的一项重要实践，虽然可以为学生提供跨文化交流和学习的机会，但也带来了一系列特殊问题。

一、高校中外合作办学项目中学生的构成

在高校中外合作办学项目中，学生群体的构成呈现出前所未有的多元化与复杂性，这一特征不仅丰富了教育生态的多样性，还对教育实践与管理提出了更精细化的挑战。合作办学项目汇聚了来自世界各地的学生，他们具有独特的文化背景、不同的教育轨迹及丰富多样的兴趣与追求。

中外合作办学项目中学生构成的复杂性，首先体现在国籍与文化的多元上。学生来自不同的国家和地区，这意味着他们在成长过程中接触到的社会规范、价值体系、历史传统乃至语言习惯均存在显著差异。这种多元性不仅可以为学生提供相互学习、增进理解的机会，也促使教师在教学内容、方法乃至评价体系上不断创新，以适应学生多样化的学习需求。除文化背景外，学生的教育经历与兴趣爱好同样呈现出高度的异质性。部分学生可能已在本国完成基础教育或高等教育的部分阶段，其知识储备、学习习惯乃至思维方式均受到先前教育经历的影响；而另一些学生可能初涉高等教育，对新知识充满好奇与渴望。同时，学生兴趣爱好的广泛，也为校园文化的繁荣与多元贡献了重要力量。

面对如此多元的学生群体，跨文化交流能力成了每个学生的必修课。这要求他们不仅需要掌握基本的语言技能，更需要具备深刻理解他国文化、有效沟通并妥善解决文化冲突的能力。中外合作办学项目通过课程设置、国际交流活动等途

径，积极培养学生的跨文化意识与技能，帮助他们在全球化背景下更好地自我定位与发展。同时，这种能力的培养也对学生个人的自我适应与自我管理提出了更高的要求，促使他们在不断变化的环境中保持开放心态，积极调整学习策略与生活方式。

《中华人民共和国中外合作办学条例》为中外合作办学项目营造了开放包容的学习环境。学生在这样的氛围中，不仅能接触到最前沿的学术成果与国际教育理念，还能与具有不同文化背景的同学交流思想、碰撞智慧。这种经历可以极大地拓宽学生的国际视野，使他们能够超越地域限制，以更加开放的心态审视世界、理解他人。这种开放心态不仅有助于学生在学业上取得优异成绩，更可以为他们未来在国际舞台上发挥重要作用奠定坚实基础。

二、学生在中外合作办学项目中的适应性问题

学生在中外合作办学项目中面临着各种各样的适应性问题，如语言障碍、文化冲突和学习要求高等，这些问题可能会影响他们的学习效果和生活体验。

首先，语言障碍是学生在中外合作办学项目中常见的问题之一。学生需要使用第二语言进行学习和交流，这对于一些学生来说可能会存在一定的困难。他们可能会在听、说、阅读、写作等方面遇到挑战，影响学习效果和课堂参与度。为了克服语言障碍，学生需要积极学习和练习，同时教师也需要提供有针对性的教学支持和辅导。中外合作办学项目应确保提供足够的语言支持，帮助学生提高语言能力，以适应教学要求。

其次，在中外合作办学项目中文化冲突也是学生需要面对的问题之一。学生有不同的文化背景，因此他们在思维方式、社交习惯等方面存在差异，这可能会导致沟通存在障碍和误解。为了解决文化冲突问题，学生需要具备跨文化交流的能力，理解和尊重不同文化背景的人，促进不同文化之间的交流和理解。

最后，学习压力是学生在中外合作办学项目中普遍面临的问题之一。这种项目通常采用全英文或双语教学模式，学生的学习任务相对较重。他们不仅需要适应新的教学方式和学习环境，还需要应对语言障碍和文化冲突带来的挑战。这种学习压力可能会导致一些学生出现焦虑、学习困难等问题。为了缓解学习压力，学生需要合理规划学习时间、掌握有效的学习方法和技巧，同时教师也需要提供指导和支持。中外合作办学项目需要建立有效的学生支持系统，包括心理健康服务和学习辅导，以确保学生福祉。

综上所述，中外合作办学项目中的学生具有多样化的特点，面临各种各样的

适应性问题。教师需要关注学生的个性化需求，提供有效的支持和指导，帮助学生更好地适应新的学习和生活环境，实现个人发展和成长。

第二节　高校中外合作办学项目开展学生思想政治教育的特殊性

中外合作办学是我国教育对外开放的重要形式，增加了我国教育供给的多样性，对教育改革起到了积极作用。高校中外合作办学项目在开展学生思想政治教育时，面临着一些特殊性，这些特殊性主要表现在教育主体、教育客体及教育环体三个方面。

一、中外合作办学项目中教育主体的特殊性

（一）中外合作办学项目的教师队伍的特点

中外合作办学项目的教师构成日益呈现多元化的趋势。这种现象不仅反映了当代大学教育的变革，还与全球化背景下的教育需求密切相关。在中国特色社会主义建设不断深入的同时，思想政治教育成为教育领域的重要任务之一。在教学过程中，中外合作办学项目更是迎来了不同国家的教师，他们的参与有利于丰富教师队伍的构成，推动教育的国际化进程。

第一，中外合作办学项目的教师队伍呈现出国际化的趋势。随着全球化的加速，越来越多来自不同国家和地区的教师加入中外合作办学的队伍中。这些教师具有丰富的海外留学背景和教育经验，他们不仅熟悉国际教育的先进理念和方法，还能够为学生提供国际化的视角和全球化的教育资源。他们的加入有利于丰富教师队伍的结构，拓展教学内容的广度和深度，为中外合作办学项目的发展注入活力。

第二，中外合作办学项目的教师队伍在跨文化交流方面发挥着重要作用。来自不同国家、拥有不同文化背景的教师，能够为学生提供多元化的教学理念和教学方法，使学生在文化交流和互鉴方面可以获得更加全面且深入的培养。通过开展跨文化的对话和交流，学生能够更好地理解和尊重不同文化之间的差异，增强文化自信，为国家和社会的发展贡献力量。

第三，中外合作办学项目的教师队伍在课堂组织和师生互动方面展现出个性化发展的特点。教师的教学方法和课堂组织方式对于学生的学习效果具有重要影

响。在中外合作办学项目中，教师需要充分利用自身的教育经验和文化背景，设计多样的教学内容和活动形式，注重激发学生的学习兴趣和参与热情。通过灵活多样的教学方式和师生互动，教师能够更好地满足学生个性化发展的需求，激发学生的学习潜能，增强教学效果。

通过多元化的教师队伍，中外合作办学项目能更好地满足学生的多样化需求，推动教育的国际化进程，为培养具有国际视野的优秀人才做出贡献。

（二）中外合作办学教师的价值观情况

在当前时代背景下，高校教师的价值观情况呈现出多样性。作为教育工作者，教师的价值观在教学、指导和引导学生方面发挥着非常重要的作用。不同学科领域的教师，由于受到个人经历、学术背景和文化环境等因素的影响，其理想信念、世界观、人生观和价值观存在差异，这直接影响他们在教学中的行为和态度。在中外合作办学项目中，教师的价值观多样性更加显著，因为他们不仅受到本国教育体系的影响，还会接触到国外的教育资源和多元文化，这使得他们的价值观念更加丰富和多元。

第一，在中外合作办学项目中教师对于思想政治教育和价值引领有着独特的见解与认识。在教学过程中，他们能积极引导学生树立正确的世界观、人生观和价值观，倡导理性思考和独立思考，培养学生的批判性思维和创新能力，引导学生积极参与社会实践和公益活动，从而促进学生全面发展和提升综合素质。

第二，来自不同国家、拥有不同文化背景的教师，将本国的价值观和思维方式融入教学中，可以为学生提供全球化的视野和国际化的教育资源。他们通过教学和实践活动，向学生传递自己的文化认知和价值观念，能促进学生对于多元文化的认识和理解，培养学生的跨文化沟通能力。另外，学生作为教育的受益者，会受到教师价值观的影响和引导。在中外合作办学项目中，学生来自不同的社会环境，其接受教育的思想文化意识不同。教师的价值观对于学生的思想认知和行为习惯有着深远的影响。教师如果具有良好的价值观就能够引导学生树立正确的世界观、人生观和价值观，培养学生的道德观念和行为规范，帮助学生建立自信心和自尊心。

第三，为了确保教师队伍价值观的多元化与和谐共存，需要建立健全教师队伍管理制度和培训机制。教师队伍的多样性不仅包括教师的文化背景和学术观点，还包括教师的思想政治态度和教育理念。因此，需要加强教师队伍的管理和培训，提高教师的专业素质和教育水平，加强对教师思想政治教育和价值观的引导，营造良好的教育环境和氛围，共同推动中外合作办学项目的健康发展。

（三）中外合作办学教师队伍的稳定性问题

中外合作办学项目中教师队伍稳定性差是当前面临的一大挑战。随着全球化进程的加速，中外合作办学作为一种新型的办学模式，吸引了大量教育资源的跨境流动。然而，在这个过程中，教师队伍的稳定性却受到了较大的影响。这种现象主要表现在师资流动性大、管理约束不足等方面。

第一，中外合作办学项目的师资队伍具有较大的流动性。中外合作办学项目具有特殊性，学制模式、学习年限、教学进程等与传统的学校有所不同，因此教师在职业选择上更加灵活。一些教师可能会在短期内频繁地更换工作，或者以兼职等方式同时服务于多个项目，这样的流动性使得教师队伍的稳定性大大降低。

第二，中外合作办学项目的师资团队管理和约束相对不足。由于项目具有灵活性和创新性，管理层面往往难以对教师队伍进行有效的监督和约束。在有的岗位上，管理者往往难以对教师的教学行为进行充分的把控，从而造成了一定程度上的不稳定。

第三，一些客观因素也影响着中外合作办学教师队伍的稳定性。中外合作办学项目开设的课程和教育内容相对较专业。由于项目需要吸纳国内外各个领域的专业人才，因此课程设置和教育内容往往更加精细化与专业化。这就要求教师具备较高水平的专业知识，而一些外方教师可能由于客观因素，如签证限制、任职时间等，无法长期稳定地在项目中任教，这也进一步加剧了教师队伍的不稳定性。

针对中外合作办学项目教师队伍稳定性差的问题，应采取一系列措施加以解决：①加强对教师的管理和约束，建立健全流动机制和退出机制，规范教师的职业行为，加强对教师队伍的监督和评估；②加大对教师的培训和发展力度，提升教师的专业水平和教学能力，增强教师的归属感和责任感；③加强对教师的激励和保障，提高教师的工资待遇和福利待遇，激发教师的积极性和创造性，增强教师队伍的凝聚力和稳定性。

二、中外合作办学项目中教育客体的特殊性

（一）学生个性特点受多种因素影响

在中外合作办学项目中，学生的个性特点相对突出，这种现象在教育领域中

备受关注。这些学生有不同的背景和文化，拥有独特的家庭环境、个性爱好及知识面，这使得他们在学习和生活中呈现出多样化的特点。

首先，中外合作办学项目的学生个性特点受到家庭环境的影响。一些学生的家庭条件可能相对优越，他们可能在家庭中受到较多的关爱，拥有较多的资源和机会，这使得他们在学习和生活中表现出较强的自信心与进取心。而另一些学生可能来自普通家庭，他们在成长过程中可能面临较多的困难和挑战，但也因此具有坚韧的品质。

其次，学生个性特点还受到个人爱好和兴趣的影响。在中外合作办学项目中，学生有不同的文化背景，他们可能会对不同领域产生浓厚的兴趣。一些学生可能对学术研究感兴趣，他们会展现出较高的综合素质和表现欲望；而另一些学生可能更注重个人兴趣爱好，他们会展现出较强的个性化特点。

最后，学生个性特点还受到社会化程度和社会思潮的影响。在中外合作办学项目中，学生处于多元的社会环境中，所以会接触到各种不同的社会思潮和文化观念，这使得他们在思想意识和行为习惯上呈现出多样化的特点。一些学生可能具有较强的集体观念和自我约束能力，他们能够适应团队合作和集体生活，形成良好的学习氛围；而另一些学生可能表现出较强的逆反情绪，他们对传统观念可能持有质疑和挑战态度，需要教师有针对性地进行引导和教育。

中外合作办学项目中的学生个性特点相对突出，这对教师提出了新的挑战。针对不同学生的个性特点，教师应采取多种教育方法，注重个性化教育，充分发挥学生的潜能，促进他们全面发展，为社会培养更多具有创新精神的优秀人才。

（二）学生存在学习基础差异，课业压力较大

中外合作办学项目作为当代高等教育的一种形式，在招生、课程设置和教学模式等方面与传统的高等教育存在较大差异。其中，学生的学习基础和课业压力是该项目中一个备受关注的问题。学生学习基础薄弱、课业压力较大的情况在中外合作办学项目中较为普遍，这主要受到招生制度、学习环境及课程设置等因素的影响。

首先，中外合作办学项目通常采取计划内招生和计划外招生相结合的方式。计划内招生主要依据学生的高考成绩或其他国家统一考试成绩进行录取，而计划外招生通常是通过学校自主招生或特殊渠道选拔。由于学生的学习基础和知识储备存在较大差异，因此部分学生可能在入学时就面临着学习基础薄弱的问题。

其次，中外合作办学项目通常要求学生具备一定的语言水平，以适应全外语

授课的教学模式。这对于部分学生来说是一个挑战，尤其是对于那些语言基础较差的学生而言。他们需要花费较多的时间和精力来学习语言，这加大了他们的课业压力。

最后，中外合作办学项目的课程设置通常比较紧凑，学生需要在有限的时间内完成大量的学习任务。与传统的高等教育相比，这种教学模式要求学生更加主动和自觉地学习，适应能力和学习能力成为衡量学生是否成功的重要标准。因此学生面临着较大的课业压力。

针对中外合作办学项目学生学习基础薄弱、课业压力较大的情况，学校和教育机构可以采取一系列措施进行引导和帮助。第一，学校可以通过开设预科班或提供额外的语言辅导课程等方式，帮助学生提升语言水平和学习能力。第二，学校可以优化课程设置，合理安排学习任务，减轻学生的课业压力。第三，学校还可以加强思想政治教育，引导学生端正学习态度，从而更好地适应学习和生活的挑战。

三、中外合作办学项目中教育环体的特殊性

（一）多元文化环境影响学生理想信念及文化自信培育

在探讨中外合作办学项目对学生理想信念及文化自信培育的影响时，需要深入剖析其多元文化环境所蕴含的双重效应：既是视野拓展的催化剂，又是文化适应的挑战场。此环境以其独特的跨文化特性，为学生铺设了一条通往全球视野与文化自觉并行的道路。

一方面，该环境如同一座桥梁，连接着不同地域的文化瑰宝与教育资源，使学生得以跨越地理界限，直接对话多元文明。这个过程不仅能丰富学生的学习体验，还能促使他们形成更宽广的视野。学生在与异国同学的互动中，不仅能领略到文化的多样性，还能在思维碰撞中激发创新的火花，从而培养跨文化沟通与理解的能力。

另一方面，面对文化差异的张力，学生需要经历一番文化认同与价值重塑的洗礼。在文化的交汇与冲突中，学生要学会在尊重与理解的基础上，进行理性的思考与判断，以实现个人价值观与世界观的和谐统一。这个过程虽充满挑战，却也是培养学生批判性思维、文化包容性及文化自信的重要契机。

为有效促进学生理想信念与文化自信的培育，中外合作办学项目应超越传统课堂框架，构建全方位、多层次的教育体系。这包括组织多样化的文化活动与国

际交流项目，让学生在实践中体验文化的魅力，增进对本土文化的认同与对异域文化的理解。同时，强化思想政治教育，引导学生深入理解中华优秀传统文化与社会主义核心价值观的精髓，从而坚定其理想信念与文化自信。

尤为关键的是，要营造积极、健康、开放的学习环境，鼓励学生勇于探索未知，敢于挑战自我，以全球化的视角审视问题，以包容的心态接纳差异。如此，中外合作办学项目方能充分发挥其独特优势，为国家的长远发展培养复合型人才。

（二）"双校园"模式学习环境影响思想政治教育的开展

中外合作办学的"双校园"模式在一定程度上可以为学生提供丰富多彩的学习环境，但同时也存在一些不利于思想政治教育开展的问题。在这种模式下，学生在国内和国外两个校园之间频繁转换，面临着语言、文化、学业等方面的挑战和压力，这些因素可能会影响思想政治教育的有效开展。

首先，国内校园环境与国外校园环境之间的转换可能会导致学生出现思想和心理问题。在国内学习期间，学生需要适应国内的学习环境和教育体制，同时还要面对来自家庭、社会等方面的压力和影响。一旦转到国外校园，他们又需要适应不同的文化和教育模式，可能会面临语言障碍、学业压力等问题，这种频繁的环境转换容易给学生的思想和心理带来困扰。

其次，国内外校园之间的文化冲突和管理方式差异也会影响思想政治教育的开展。由于中外文化的差异和教育理念不同，学生可能会感受到一定程度的文化冲突和认同困扰，难以形成稳定的思想信念。同时，国内外校园的管理方式存在差异，可能会导致教育管理方面的混乱，影响学生的全面发展和健康成长。

在中外合作办学的"双校园"模式中，加强管理和教育引导，优化学习环境，可以更好地促进思想政治教育的开展，为学生的全面发展和健康成长提供更好的保障。

（三）设置分阶段学习形式影响教育质量和校园文化环境

中外合作办学项目采用的分阶段式学习形式，如2+2、3+1、1+2+1、2+2+1等，会对教育深化和环境创设产生重要影响。在这种学习模式下，学生在国内和国外两个校园之间进行学习，每个阶段的学习年限、教育开展方式及思想政治教育设计都有所不同，会对教育质量和校园文化环境产生深远的影响。

首先，这种分阶段式学习形式导致学生国内在校时间有限。在1+3、1+4等模式下，学生在国内校园的学习时间相对较短，而国外学习时间相对较长，这就需要在国内校园学习时设计和开展有效的思想政治教育，以确保学生在国外期间也能够持续受到教育引导和思想政治教育的影响。

其次，国外期间的思想政治教育设计和实施是极其重要的。在国外校园，学生面临着不同的文化、语言和教育环境。中外合作办学项目需要根据实际情况设计出切实可行的教育方法和手段，引导学生树立正确的思想观念和价值取向。这就需要建立一套长效机制，确保思想政治教育在国内外两个阶段的延续性和连贯性，以达到教育深化和学生素质提升的目标。

最后，分阶段式学习形式对校园文化环境会产生深远影响。学生在国内和国外两个校园之间的流动性较大，导致校园环境存在不稳定性和连续性不足等问题。在这样的环境下，学校需要采取措施，促进校园文化的稳定发展，营造积极向上的学习氛围和朋辈环境，为学生的健康成长提供良好的保障。

中外合作办学项目中的分阶段式学习形式对教育深化和环境创设有着重要影响。可以通过合理开展思想政治教育、建立长效机制、加强校园文化建设等措施，最大限度地发挥这种学习模式的优势，为学生的成长和发展提供更好的保障。

第三节 高校中外合作办学项目开展学生思想政治教育的必要性

一、能增强国家文化自信与价值观引领

在中外合作办学项目中开展思想政治教育的必要性体现在，开展思想政治教育能增强国家文化自信与价值观引领。党的二十大报告提出，推进文化自信自强，铸就社会主义文化新辉煌。通过开展思想政治教育，学生可以深入了解中华优秀传统文化、革命文化和社会主义先进文化，增强其文化自信，做到内外兼修。

第一，开展思想政治教育可以增强学生对中国道路和中国方案的认同感与自豪感。党的二十大报告提出，建设具有强大凝聚力和引领力的社会主义意识形态。意识形态工作是为国家立心、为民族立魂的工作。通过对中国发展成就和改革开放经验的深入讲解，教师能使学生认识到中国道路的正确性和优越性，增强其对中国特色社会主义的道路自信、理论自信、制度自信和文化自信。思想政治

教育还可以通过对国际形势的分析，帮助学生全面客观地认识世界，了解中国在国际事务中的重要地位和作用。

第二，开展思想政治教育有助于弘扬中华优秀传统文化，增强文化自信。中华文化源远流长，博大精深，是中华民族生生不息、发展壮大的精神源泉。通过开展思想政治教育，学生可以系统地学习中华优秀传统文化，了解其核心思想和基本精神，增强文化认同感。在中外合作办学项目中，学生要主动传播和弘扬中华优秀传统文化，使其成为推动中外文化交流的重要力量。

第三，开展思想政治教育能够帮助学生树立社会主义核心价值观，增强价值观引领力。社会主义核心价值观是当代中国精神的集中体现，是凝聚全社会力量的价值引导。通过开展有效的思想政治教育，学生能深入理解社会主义核心价值观的内涵和意义，增强对它的认同感和践行力。特别是在中外合作办学项目中，可以通过加强社会主义核心价值观教育，使学生在与不同文化的交流中，坚定自己的价值观立场，做到不为外界所惑，始终保持清醒的头脑和坚定的信念。

第四，开展思想政治教育有助于培养学生的创新精神和实践能力，促进其全面发展。开展思想政治教育不仅要传授理论知识，还要注重实践教学，通过社会实践、志愿服务、实习就业等多种形式，培养学生的创新精神和实践能力。在中外合作办学项目中，可以通过思想政治教育的引导，使学生在接受先进知识的同时，结合中国实际进行创新实践，真正做到学以致用、知行合一，为国家和社会的发展贡献智慧与力量。

综上所述，在中外合作办学项目中引入思想政治教育，具有重要的现实意义和长远影响。开展思想政治教育，可以帮助学生树立正确的价值观和人生观，增强其社会责任感和历史使命感，增强国家文化自信与价值观引领力。思想政治教育不仅是培养国际化人才的重要途径，更是维护国家意识形态安全、推动文化自信的重要手段。在未来的发展中，应不断深化思想政治教育改革，创新教育方式和内容，全面提升学生的综合素质，为实现中华民族伟大复兴的中国梦提供坚强有力的人才支持。

二、培养国际化人才的战略需求

在全球化加速推进的当下，高等教育体系对国际化人才的培养策略愈显关键。这类人才不仅需要精通专业知识与技能，更需要具有国际视野与卓越的跨文化交流能力，以应对全球挑战与机遇。中外合作办学项目，作为联结不同文化、促进知识互鉴的桥梁，其核心价值在于为学子们开启一扇通往世界的大门。然而，教育的全面性与深刻性要求高校在这个过程中，不仅要注重专业知识与国际经验的积累，更应强化思想政治教育，以培育兼具家国情怀与国际视野的复合型人才。

思想政治教育在中外合作办学项目中的融入，是塑造学生健全人格与坚定信念的基石。面对多元文化的冲击与交融，学生可能遭遇文化认同的困境，甚至对本土文化的价值产生怀疑。可以通过系统化的思想政治教育，有效引导学生批判性地审视外来文化，同时深化对中华优秀传统文化的理解与认同，从而在文化激荡中保持自我。

此外，思想政治教育还肩负着提升学生社会责任感与历史使命感的重要使命。在全球化背景下，未来的国际化人才将扮演更加重要的角色，参与国际事务，影响世界格局。通过深入剖析中国的发展轨迹、国际形势的演变及全球治理的复杂议题，思想政治教育能够激发学生的爱国情怀，促使他们深刻认识到个人命运与国家、世界紧密相连，从而自觉承担起推动社会进步、促进全球合作与发展的历史重任。这样的教育，旨在培养能够自信地代表中国参与国际对话，有效传播中国文化与价值观，为构建人类命运共同体贡献智慧与力量的新时代国际化人才。

三、正确处理爱国主义与国际主义关系的需求

在当今时代的经济全球化进程中，高校中外合作办学项目扮演着重要的角色。随着全球化的不断推进，各国之间的交流与合作日益密切，这为高校提供了更多了解优秀文化动态的机会。在这种背景下，高校中外合作办学项目应着重树立国际意识，促进各国之间的交流与合作。中外合作办学项目中开展思想政治教育，可以引导学生正确处理爱国主义与国际主义关系的需求。

在国际意识的培养方面，高校中外合作办学项目可以通过多种途径来实现。在了解优秀文化动态的过程中，应该注重实时理论的研究和分析。

在高校中外合作办学项目的广阔舞台上，开展学生思想政治教育，不仅是构筑全面育人体系的基石，更是锻炼中国特色社会主义事业接班人的核心路径。此类合作项目，作为教育国际化的前沿阵地，其本质要求在于融合国际先进教育理念与本土价值体系，旨在培育既精通专业知识技能，又深谙马克思主义理论精髓、秉持社会主义核心价值观的高素质国际化人才。

文化交流作为中外合作办学项目的天然纽带，可以为思想政治教育与价值引领提供丰富的实践场域。在此平台上，通过深度挖掘与阐释马克思主义理论的时

代价值，以及积极传播社会主义核心价值观的普遍意义，不仅能促进学生对多元文化的理性认知与包容尊重，更能激发其对中华优秀传统文化的自豪感与传承责任感。因此，构建长效化的教育机制，确保思想政治教育的常态运行，成为中外合作办学项目不可或缺的一环。

同时，要将意识形态工作纳入合作办学项目的战略规划与日常管理中，确保教育活动的政治方向正确，价值导向鲜明，为培养具有坚定理想信念与国际视野的人才奠定坚实基础。

在高校中外合作办学项目中开展思想政治教育，有利于学生处理爱国主义与国际主义的关系。只有加强学生的思想政治教育，学生才能更好地融入世界发展的潮流，为国家的长远发展做出更大的贡献。

第三章　高校中外合作办学项目学生思想政治教育的理论架构

第一节　学生思想政治教育的现代理念与价值形态

一、学生思想政治教育的现代理念体系

理念，通常指主体根据自己对事物本质和发展趋势的理解与判断，以及对社会发展需要和对个体本性的体验，经过长期的过滤、积淀和检验而固定下来的思想观念。这种思想观念既是一种高度理性化的观念，也是一种有高度价值性的观念。科学的理念既是对事物发展的本质联系和趋势规律性的正确揭示，也是人类、集体和个体发展需要的正确反映，还应当是合规律性和合目的性的统一。

改革开放以来，随着经济全球化进程的不断推进，国内外经济、教育、文化交流不断加深，中外合作办学作为我国高等教育体系中的重要部分，在培养具有国际视野的全面人才上发挥着重要作用。构建思想政治教育理念，不仅要充分考虑学生群体的存在和发展本质需求，更要体现思想政治教育的本质属性和发展方向。它应该紧密贴合学生群体发展进步的内在需求，同时关注个体在发展过程中的必然趋势。这意味着思想政治教育理念应当既关注整体大势，反映学生集体的共同追求和成长动力，也注重个体差异，为每个学生的独特发展提供支持与引导。在这个过程中，理念应当不断演进，以适应社会的变革和学生的多样性，促使学生在全面发展中找到个体价值的最佳实现路径。

（一）全面发展理念

全面发展，即人的全面发展，是指人的体力和智力的充分发展，包括在道德、智力、体魄、美学、劳动等方面的和谐发展。教育是促进人的全面发展的重要途径。在思想政治教育中，必须以全面发展的理念来引导学生。以下是在思想政治教育工作中，如何以学生的全面发展为目标的具体建议：

第一，思想政治教育应服务于学生的全面发展。学生的思想政治素质是支撑

其成长的重要精神力量。要以人为本，将思想政治教育与学生成长的需求相结合，引导学生统一学习科学文化和加强思想政治修养，统一学习知识和参与社会实践，实现个人价值和为人民服务的统一，坚持树立远大理想和艰苦奋斗的统一，为振兴中华做出更大贡献。

第二，思想政治教育应以学生全面发展为出发点和落脚点。可以根据社会和学生思想变化的实际情况，不断总结经验，拓宽视野，丰富思想政治理论教育，通过多渠道、多方式促进学生的全面发展。无论是加强文化、网络、科技、伦理等方面的建设，还是提供多样化的社会实践活动，抑或是拓展校园文化建设领域，都应以学生全面发展为目标。

第三，思想政治教育应助力学生的健康成长。为了促进学生的成长，应积极创造条件，为他们提供服务。在教育学生成长的过程中，还应关注他们的心理健康，加强心理健康教育，保障他们的全面成长。

第四，思想政治教育应有助于开发学生的人力资源。随着社会的发展，人们对个人素质的要求越来越高，尤其是在知识经济时代，人力资源的开发显得尤为重要。为了实现这个目标，应注重非智力资源的开发，采取科学管理和思想政治教育等手段，激发学生的积极性、主动性和创造性，发挥个体潜能，全面实现个体的价值。

第五，思想政治教育应解决学生面临的实际问题。随着社会的变革，学生面临着诸多现实挑战，如多元文化引发的价值观多样化等。因此，思想政治教育工作者需要深入了解学生的实际困境，与他们进行沟通，为他们提供有效的支持。学校和社会也应共同努力，为学生提供更多实际的援助，解决他们面临的各种问题。

（二）素质教育理念

素质教育的核心理念是根据学习者的身心发展和社会发展的需要，全面提升他们的基本素质。它致力于尊重每个学习者的主体性和个性化发展，重视培养个体的创新能力，并为他们终身学习奠定坚实的基础。这种教育的特点在于其关注学习者的整体成长，致力于塑造具备创造力的个体，为其未来的学习之路提供持久的支持。

1. 素质教育的特点

素质教育作为一种价值教育，旨在实现个体的全面发展。其特点主要体现在以下几个方面：

（1）社会性。素质教育不可脱离社会的政治、经济和文化等要素，必须在整个社会体系中进行。教育的目标既要符合社会的需求，也要根据受教育工作者自身发展的特点来进行塑造。在社会主义社会中，素质教育应遵循社会主义教育方针，培养全面发展的社会主义建设者和接班人。

（2）全面性。素质教育的目标不是片面发展，而是要实现个体的整体、全面发展。当前，我国素质教育主要强调德、智、体、美、劳等方面的发展。

（3）全体性。素质教育的目标不只关注特定人群，而是面向整个民族，旨在提升整体素质水平。素质教育在全体学生中实施，体现了教育机会的公平性，也是全体公民素质提升的必然要求。素质教育并非专注于培养英才，而是鼓励每个学生在自身基础上充分发展，这既关注现实社会需求，也强调未来社会和人类发展的要求。

（4）个性化和主体性。现代社会呈现多样性，需要不同类型的人才。因此，素质教育强调培养个体的个性化发展，并尊重主体性。个性化发展是学生发展的核心，素质教育不仅追求普遍的、共同的发展，还根据学生独特的自然本质，鼓励并创造条件促进个性的发展，同时引导学生积极参与，激发其主动性和创造性。在学校中每个学生都应受到重视，这样可以使学生的差异性得到尊重，并在课程设置、教学方式、评价方法等方面都注重为学生的个性化发展创造条件。

（5）创造性。社会的进步需要具备创新能力的人才。素质教育鼓励学生独立思考，培养其探索真理的志向，提高其自主学习能力。它基于全面发展的基础，通过各方面的素质相互促进来提高个体的综合素质，强调培养学生的创新能力和实践能力。尽管素质教育面向大众，力求提升基本素质，但要求全体学生都具备创新精神和创新能力在实际操作中是困难的，因此创新教育被认为是更高层次的教育思想。

2. 思想政治素质教育

全面有效地实施素质教育的灵魂，主要在于对学生进行思想政治素质教育。必须全面贯彻党的教育方针，不断加强对学生的爱国主义、集体主义、社会主义思想教育。对学生进行思想政治素质教育，要努力做到以下几点：

（1）拓展素质教育的内容，具体如下：

第一，加强社会主义和爱国主义教育，教育学生树立爱国主义、集体主义、社会主义思想，树立热爱社会主义祖国的忠诚信念。

第二，树立一切言论、一切行动以合乎广大人民群众的利益为最高标准的思想观念。

第三，加强共产主义道德教育，教育学生树立共产主义理想和共产主义道德思想，提高共产主义觉悟。

第四，加强党的基本路线和国情国策教育。

第五，加强新时代思想理论教育，用科学理论武装学生头脑。

（2）探索素质培育的方法，具体如下：

第一，把现代化教学手段引入思想政治教育教学之中，教师不仅要在内容上突出党的指导思想，更要紧密联系新的改革实践，紧扣时代发展脉搏，而且要在方式和手段上适应新技术革命引发的现代信息传播方式的深刻变革。

第二，改革考试方法，注重学生的日常表现。

第三，在专业课教学中也要渗透思想政治教育内容，与思想政治教育同向同行，体现"三全育人"，即全员育人、全程育人、全方位育人。

（三）和谐发展理念

进行思想政治教育应适应现代社会的发展，以和谐发展理念为指导，使学生在人际交往、和谐的环境中接受思想政治教育。

1. 和谐的人际交往

人类是社会的组成部分，社会的发展与人与人之间的相互作用密不可分。尽管随着网络的迅速发展，学生普遍成为虚拟世界的居民，但人类仍然生活在现实世界中，而不应完全沉浸在虚拟环境中。因此，即使学生在网络中可能具有独特的身份，他们仍然需要认识到现实世界中人际交往的重要性。大部分学生会将主要精力集中在学业上，并且在校园中度过大部分时间，因此他们对人际交往的关注相对较少，交往的范围也相对狭窄。然而，这种局面并不利于学生个人的全面成长，因此需要进行调整和改变。让学生实现和谐的人际交往的具体做法有以下四点：

（1）进行内在调整，要先从自我开始，重新认识自我，尊重自我，接受自我，正视和包容自己的缺陷与不足。

（2）待人要真诚。没有人愿意和一个虚情假意的人进行沟通。

（3）有一颗开放的心，不仅要学会排解自己所遭遇的麻烦，还要培养对自然与社会的好奇心。

（4）努力提升自我，在人际交往中能散发气息感染人，也不至于迷失自我。同时，社会或学校也应对人际交往方面有困难的学生予以帮助，尊重他们，鼓励他们，使他们在人际交往方面达到和谐状态。

2. 营造和谐的环境

在思想政治教育领域，建立和谐的环境具有重要意义。这种环境对培养学生的政治认知、实践能力、问题分析与解决能力，以及提升学生的思想政治素质至关重要。在思想政治教育体系中，构建和谐的环境是不可或缺的，因为它是各个要素协调、平衡、相互作用的重要组成部分。

要构建和谐的思想政治教育环境，高校需要从多个方面着手：首先，要对思想政治教育工作的理念和体系进行革新，优化管理体制，更新教育内容，并改进传统的教育方法；其次，需要注重内部硬件和软件建设，完善教学管理，确保各个构成要素之间存在内在联系，并使之协调运作。这种和谐环境应该得到广泛认可，成为人们自觉选择的评判标准和行为准则。只有在这样的环境下，思想政治教育才能充分发挥其育人功能，培养出全面发展、具备优秀思想政治素质的新一代公民。

营造和谐的思想政治教育环境还应从以下几个方面入手：

（1）实现多种教育教学方式的和谐。为切实改进思想政治教育，必须紧密贴合学生的实际需求，遵循教育教学规律和学生成长规律。在思想政治教育中，高校应积极倡导启发式、参与式和研究式的教学方法，以通俗易懂的语言、生动的事例，营造互动性的教学氛围，激发学生思考，增强整体教学效果。

（2）实现理论与实践的和谐。学生在获取知识、能力和情操方面扮演着积极主动的角色。他们的参与度，成为评估思想政治教育效果的主要依据。学习不只是学生认知结构的建构、重构和整合过程，更是积极意义建构的主体。因此，只有通过亲身参与思想政治教育实践活动，调动多种积极因素（包括现代信息技术），方能唤起学生的主动探索动机、树立学生的端正探索态度，激发学生的开拓精神，从而使学生真正获得知识。

学生参与思想政治教育实践活动的过程，不只是被动接受知识的过程，更是积极参与塑造自己的认知体系的过程。在这个过程中，学生通过实践活动，如社会实践、讨论小组、模拟演练等，将抽象的理论知识与实际生活相结合，形成更深刻的理解。现代信息技术的运用，能使学生更灵活地获取丰富的学习资源，扩展思考的广度和加深思考的深度。

参与思想政治教育实践活动，不仅能调动学生的学习兴趣，还能培养他们的团队协作能力和问题解决能力。通过这种方式，学生不再是被动接受者，而是变成知识的创造者和实践者。现代信息技术的引入，如在线互动平台、虚拟实验室等，能进一步增强学生参与的积极性，使他们在学习中更具活力和创造力。

在亲身参与思想政治教育实践活动的过程中，学生不仅能获得知识，还能塑造积极的人生态度和价值观。借助现代信息技术，学生能广泛地接触多元化的观点和文化，形成更全面和更包容的思维方式。这不仅有助于学生个体的成长，还可以为社会培养具备创新力和责任感的新一代公民奠定坚实的基础。因此，学生的参与度成为评估思想政治教育效果的重要指标，而积极引入现代信息技术则可以为提升思想政治教育的实效性和吸引力提供有力支持。

（3）实现各种关系的和谐。思想政治教育是一项复杂而系统的工程，其成功实施需要全体师生的共同努力。为了实现"三全育人"的目标，学校应在课堂教学的主渠道外，充分发挥学校党团组织和校园文化的推动作用。

全员育人理念的核心在于构建师生共融、同频共振的思想政治教育环境。这不仅要求教师以高度的责任感和使命感，通过课堂教学与日常行为示范，传递正确的价值观念与道德准则，更强调学生作为教育主体的能动性，应积极参与教育过程，通过自我反思与同伴互动，深化对思想政治教育内容的理解与认同，从而在校园内形成一种积极向上的学习风尚和育人氛围。

全程育人强调将思想政治教育融入学生成长的每个阶段与环节。这意味着，除了系统的课程安排，学校还需要精心设计一系列课外实践活动与社会服务项目，将理论学习与实践探索紧密结合，使学生在解决实际问题的过程中，磨砺意志品质，增强社会责任感，激发创新潜能。这个过程应贯穿学生从入学到毕业的整个学习周期，确保思想政治教育能够持续、深入地影响学生的成长轨迹。

全方位育人则着眼于学生个体的全面发展，力求在智育、德育、体育、美育、劳动教育多个维度实现均衡提升。学校党团组织及校园文化在此过程中发挥着不可替代的作用。通过组织多样化的社会实践活动、文体赛事、艺术展览等，不仅能丰富学生的课余生活，还能在潜移默化中提升学生的团队协作能力、领导才能和艺术修养。同时，校园文化建设作为精神引领的重要载体，应致力于打造一种开放包容、鼓励创新的文化氛围，为学生提供一个展示自我、交流思想的广阔平台，促进其在全面素养上的不断提升。

二、学生思想政治教育价值的实现形态

（一）社会价值的实现

思想政治教育，通过精心设计的教育内容与策略，不仅传承与弘扬社会文化精髓，更积极介入政治导向与经济建设的塑造过程，从而在更广阔的社会层面上构建起坚实的价值体系。这个过程不仅能体现思想政治教育对社会结构的深刻影响，更能彰显其作为社会价值创造与实现的核心机制。社会主义和谐社会构建与高校思想政治教育价值实现存在统一的关系，这与一些社会文化、经济和生态现象具有一致性。教育发生了作用，呈现出对社会方方面面的价值，因此这也是思想政治教育具有社会价值的形态体现。

1. 社会经济价值

经济价值是通过思想政治教育活动创造的促进社会发展及经济增长，从而满足人类的需求的效应。人类的需求可分为精神需求和物质需求，这两类需求都能通过思想政治教育的经济价值来满足。高校要通过正确的理论指导来保证社会主义的发展方向，并为经济建设提供动力。高校思想政治教育的社会经济价值主要体现在以下几个方面：

（1）确保市场经济的发展方向。在社会主义制度下，市场经济是通过结合市场机制和社会主义制度形成的。市场作为资源分配的基础，能够结合市场机制的规范来推进社会主义发展。市场经济朝着社会主义方向发展对市场经济本身具有重要意义。首先，市场经济的构成得到了社会主义方向的保障，这是控制社会主义市场经济发展的基础。其次，人们对社会主义市场经济的构成具有一致的理解和认识。在相同的内在结构中，人们通过共同的认识自觉坚持社会主义市场经济的发展方向，这离不开人们对思想政治教育的学习。只有充分保证这一优势，才能正确宣传和引导现行社会经济体制，让人们认识到经济制度在当前社会具有必然性和合理性，并通过规范经济行为逐步培养出规范意识。教育人们要有正确的效率观念和竞争意识，这能进一步推动人们更积极地为经济建设做出贡献。

（2）推动社会发展的精神动力。思想政治教育能推动社会的发展，能成为社会发展的内在精神动力。人既是社会生产的主体，也是生产的主力。人类通过生产力的发展来征服自然和改造自然，这也是生产力发展至今最主要的动力。当代中国要将发展作为第一要务，通过保证科学技术的发展，来为我国的生产力提供持续发展的动力。科技进步和提升劳动者素质是我国当今社会生产力增长的最

关键因素，这些因素也让经济的增长方式发生了变化。人才已经成为我国生产力发展最重要的战略资源，也是我国生产力发展和进步的开拓者。这说明人才是促进生产力的重要因素，只有让人全面发展，成为先进的劳动者，才能够进一步发展和提升社会生产力。

全面发展的劳动者要具备两项基本素质：①先进的劳动能力及基本的科学文化素养；②积极的社会责任感和事业心，能够通过崇高的精神和积极的劳动来为社会生产提供动力。劳动能力和科学文化素养是能直接展现在劳动者身上的因素，劳动者本身具有的道德和思想政治素质，能通过直接或间接的作用反映到生产力上。这种直接或间接的作用，不但能展现出人类的智力条件，还能展现出一些精神层面的非智力因素，其中，非智力因素通过反映劳动者素质，成为提高劳动者精神动力的重要条件，也深刻地影响生产力发展的方向。

思想政治教育也能直接影响人们的道德素质和政治素质的发展。思想政治教育能通过教育内容，激发劳动者本身的创造性和积极性，为生产力的发展提供不竭的动力；思想政治教育也能改变原来的生产关系，通过发展生产力，让生产关系更适应现代社会的发展需要。需要正确对待改革，因为改革当中必然会出现一定的困难和风险，但是中国特色社会主义道路能够为改革进程中的开拓者提供信心和动力，使其积极投入改革运动中，发展和解放生产力。

（3）提供社会经济的发展环境。国家的经济增长是一个国家能够为人民提供经济商品的能力保障。这种能力是通过技术的进步和意识形态的完善实现增长的。在社会中，经济发展需要有思想意识的支撑。人们的生活、生产方式随着全球经济的发展发生相应的变化，这反过来也会影响人们的思想观念和价值观念。意识形态的教育也是思想政治教育中最主要的环节。

只有社会的稳定与和谐才能促进社会环境的长足发展，而思想政治教育能通过对意识形态的教育，为人们创造良好的社会舆论氛围和精神氛围，能通过社会良好风气的养成来促进市场经济健康发展。思想政治教育能让受教育者辩证和全面地看待经济问题，并通过客观科学的分析，让人们从狭隘的经济增长框架中拓宽视野，树立自己的科学发展观念，让经济和社会的进步具有可持续性与科学性。在思想政治教育的教学内容中，总结出方法论和指导思想，能让学生逐步对经济形成正确认识，从而逐渐形成良好的社会心理环境和道德环境。

2. 社会文化价值

思想政治教育在某种程度上能够满足人民的文化需求，同时促进文化发展，这就是思想政治教育在文化方面的价值。在社会意识形态的组成要素中，思想政治教育不可或缺。它本身就是需要付诸实践的文化活动，可以有效促进我国社会主义文化的发展，增强国家软实力，建设社会主义文化强国。高校思想政治教育的文化价值主要体现在以下几个方面：

（1）促进文化选择。思想政治教育在文化选择方面的价值主要体现在两个方面，分别是正面的选择和反面的排斥：正面的选择主要是吸收积极的文化，筛选与思想政治教育价值观相同的内容，将这些先进思想纳入教育中，丰富思想政治教育等组成部分，并在后期发展中继承、不断弘扬；反面的排斥主要是排斥与思想政治教育导向不符的内容，对有害的劣质文化加以抵制，从反向推动思想政治教育发展。

文化包括主流文化和非主流文化，具有丰富的内容和表现形式，能为人类社会的发展提供宝贵的精神财富积累，但文化也有糟粕。无论是物质方面的文化还是制度、观念方面的文化，不论何种形态，只要与思想政治教育的最终目标和内容一致，思想政治教育都应该积极选择和吸收，促进积极文化发展，使它们拥有更广阔的发展空间。反之，如果是消极的文化或与思想政治教育的目标和内容背道而驰，就应该坚决抵制或对其进行批判，使之无法进入教育体系，以确保思想政治教育的纯洁性和先进性。我国社会主义文化的繁荣和发展，离不开思想政治教育的推动。

要把我国建设成为文化强国，思想政治教育应不断取长补短，筛选各种文化，吸收有利内容。对中华民族的传统文化，需要批判性地继承。对于一些西方文化，应该批判性地创造和转化及理性地借鉴。应通过科学地鉴别、分析和筛选，对文化进行继承和利用。

（2）促进文化传播。人们的政治观点或思想观念等具有文化特征的文化观点，从一个群体传播到另一个群体中，这种传播过程称为文化传播。思想政治教育，通过广泛传播社会主流的文化教育，来让公民具有社会化的思想道德意识。

高校思想政治教育是教育工作者向受教育者传递一定的思想观念、政治观点、道德规范的过程。思想观点、政治观点、道德规范都属于文化的范畴，思想政治教育是一种特殊的文化传播方式。思想政治教育不但是一种教育方式，也是一个过程。思想政治教育，从主导意识形态和传授思想政治相关信息方面，让学生接受主导社会文化发展的价值观，并养成符合社会发展需要的行为习惯；同时也能通过思想政治教育的学习和实践活动来获得相关知识，从而形成符合社会发展观念的政治态度、观点、情感和行为。以上两种活动相互联系、相互作用、辩证地统一于思想政治教育的过程中。

（3）促进文化渗透。通过思想政治教育来弘扬社会主流文化，使之在社会亚文化中发挥更重要的作用；而要使主流文化渗透和影响各种社会亚文化，最重要的一种方式就是进行思想政治教育。思想政治教育传播主流文化，体现当前时代发展的特点，以人民为中心并具有中国特色，以马克思主义为指导，融入了中华优秀传统文化，借鉴、吸收了世界优秀文化，具有包容性和多样性。在主流文化外还有各种亚文化。这些主流文化之外的文化，不仅在方方面面影响着社会文化的总体发展，还影响着社会的发展。思想政治教育不只包括传播主流文化，还要从各种亚文化中吸收优秀内容，抵制落后思想，使主流文化能够更好地发展。

亚文化在社会文化的发展中十分重要。文化渗透功能可以通过思想政治教育，把主流文化发展渗透到亚文化中。这能够引导正确的文化发展方向，将冲突减弱，并通过文化的融合与吸收，让文化成为思想政治教育的载体。通过社会文化的融合，形成更加健康的社会文化环境。

（4）促进文化创造。文化创造是思想政治教育通过创造，将文化的发展向思想政治教育方向进行有价值的转换。文化是一个民族的灵魂和标志，是一个民族的精神家园，是民族认同、国家认同和民族凝聚力、创新力、发展力的基础。在经济全球化的大背景下，市场竞争的表现是经济之争，深层次上则是文化之争。

思想政治教育不仅在培养创新型人才方面可以发挥重要作用，还可以促进广大人民群众积极投身于物质和文化生产建设中，推动精神文明建设，以及丰富理论知识内容。思想政治教育的教育工作者在传播思想政治观念、价值观的过程中，会结合当前社会的实际情况及自身的教学经验吸收优秀文化，自觉抵制腐朽落后的文化，向受教育者传播最新的思想和理念，确保其符合社会主义核心价值观的要求，同时完善原有的文化体系。思想政治教育在教育学科中具有特殊性，因为它能够影响人类的生活方式和价值观念，通过改善人们的知识结构来影响人们的行为习惯，以及更新人类的文化结构。

3. 社会生态价值

思想政治教育生态价值的实现，是指思想政治教育的生态价值观念被受教育者所接受，内化为受教育者稳定的心理结构，外化为一种持之以恒的行为习惯，形成一种思想上热爱自然、行为上保护自然的生态观念。

关于思想政治教育生态价值实现内容的论述，因立足点不同，论述的内容也不同。从生物（人也属于生物）与环境的关系的角度来论述，生态价值的实现具体包括环境的生态价值的实现、生命体的生态价值的实现；从生态系统的要素与系统整体的关系来论述，生态价值的实现具体包括生态要素的生态价值的实现、生态系统的生态价值的实现。

（1）环境的生态价值

环境生态价值的实现，是指生态系统及其要素对人和其他生命现象需要的满足，这一需要的满足就是保持生态环境对人及其他生命现象的平衡。具体来说，环境的生态价值包括自在价值、使用价值和审美价值。环境生态价值的实现就是自然环境及其要素所表现出的价值对人及其他生物保持高度的平衡。自然环境及其要素在没有人类改造自然所带来破坏的情况下，对生态平衡和生态完整没有实质性的危害，其存在本身对人和其他生命现象具有本来良性的价值效应。

自然界具有消化废物、更新生命周期、维持生命和平衡调节的生态功能。为了实现这些生态功能，必须发挥思想政治教育的作用，教育和引导受教育者树立科学发展观，正确认识人类与自然的关系，改变以人类为中心的观念（即人类是自然的主宰，自然界的一切要为人类的需求服务，人类可以随意开发和使用自然资源）。我们要改变将自然界视为资源提供者和免费垃圾场的观念。在欣赏和使用自然的过程中，要坚持马克思主义的人与自然统一原理，纠正人类中心主义的负面影响，正确对待自然、改造自然，实现合理开发和利用自然资源，与自然和谐相处。只有与自然和谐共处，人类才能获得真正的可持续的幸福。

（2）生命体的生态价值

生命体的生态价值就是人和其他生命对自然环境的生态价值。我们研究生命体的生态价值的实现，就是研究人和其他生命对自然的生态价值的实现。人与其他生命对自然的生态价值的实现，要从人与其他生物对自然的相互作用与关系来探究。

第一，能动作用。人与其他生物对自然环境具有能动作用。动物对自然的作用非常简单。而人类对自然的能动作用就是认识和改造自然，使自然为自己服务，满足自身生产生活的需要。人的活动对自然环境具有巨大的价值作用。人的活动主要体现在两个方面：①人类的文化活动。人类从事的道德活动和审美等思维思想活动蕴藏着巨大的生态价值，可以产生价值作用。如果道德和审美活动是积极的，这些活动产生的价值也是积极的，对自然环境有利；否则，对自然环境有害。要趋利避害，必然要对人们实行思想政治教育，对人们的文化活动进行引导，使其有利于环境的发展。②人类的生产等实践活动。从自然界获取生活和生产资料，已成为人类的思维定式。如果采取符合生态规律的生产行为、生活消费行为，人类就对生态环境有积极价值，思想政治教育教人保护自然、热爱自然的目的已经达到，生态价值就实现了。

第二，反作用。自然环境对人与其他生物体具有反作用。人类改造自然环境，自然环境也改造人类，即生物体对自然环境具有反作用。这种反作用的主要表现有：①自然环境对人类的友好回报，这是人类善待自然环境的结果；②自然环境对人类的恶意回报，这是人类对自然环境肆意破坏的结果。总之，要实现生命体的生态价值，应该深入理解生命体与自然环境的关系，理清生命体与自然环境的发展脉络。运用思想政治教育，树立整体利益观，树立绿色消费观，并使之深入人心，从而提高生态环境保护的自觉性，大力建设生态文明，从而教育人们停止破坏环境、改善被破坏的生态系统、恢复系统的生态功能及维护未被破坏的部分的平衡。只有达到这个目的，才能实现思想政治教育生命体的生态价值。

（3）生态要素的生态价值

生态要素的生态价值实现，是指生态系统要素对系统整体的生态价值的实现。组成系统的每个要素在系统中都有极其重要的作用。要素是指系统中被组织化的、相互作用和相互结合的因素。发挥要素的功能和作用，是生态要素价值实现的前提。例如，在自然环境系统中，森林是生态环境的要素之一。森林在生态系统中的作用是水土保持、气候调节、空气净化、减少噪声，这些功能不仅对人类有利，而且是维护生态系统完整、稳定必不可少的条件。

人类是生态系统的要素之一，具有维持生态系统的本能。生态要素功能千差万别，但是在维护生态完整与平衡这方面具有很多相似的要求。可以说，要实现生态要素的生态价值，必须通过思想政治教育，使受教育者了解各个要素在系统中的功能和作用，尤其是知晓各个要素对生态环境系统的主要作用，并将这些知识贯彻到维护生态环境良好发展的实践中。可以这样说，整个生态系统的性能完好离不开各个要素对系统整体的贡献。由此人们产生了对生态价值实现的经典理解：有利于生态系统完整、稳定和美丽的行为，具有积极的价值，生态要素的生态价值就会实现。

鉴于此，要通过思想政治教育，教育和引导人们的生态行为。生态文明不仅是一种观念，而且是每个人都应承担的一种社会责任，要求人们积极践行。利用学校、企业、机关、社区等各级思想政治教育组织，广泛开展群众性的环境保护宣传和生态教育，可以使保护环境、节约资源等生态意识渗透到社会生活的各个方面，并引导人们从我做起、从现在做起、从小事做起，从实际行动中体现出来，养成良好的生活习惯。

（4）生态系统的生态价值

完好的生态系统整体对于其中各个要素功能的发挥具有重要意义，这是系统整体生态价值实现的基础。每个系统要素都本能地维持着自身发展，同时维持着整个系统的平衡发展。任何单个要素的力量都无法与整个系统的力量抗衡，单个要素的力量小于整体的力量。通过开展思想政治教育，学生会懂得：人与自然是统一的整体。

通过开展思想政治教育，学生可以认识到人是自然的产物，是自然界的一部分。人类依靠自然生存发展，人们的衣食住行等一切所需都离不开自然界。

现阶段，面对资源约束趋紧、环境污染严重、生态系统退化的严峻形势，必须树立尊重自然、顺应自然、保护自然的生态文明理念，把生态文明建设放在突出地位，努力建设美丽中国，实现中华民族的永续发展。永续发展就是整体生态价值的实现。

（二）集体价值的实现

思想政治教育集体价值实现理论在思想政治教育价值实现体系中处于承上启下的地位。它向上承接思想政治教育的社会价值实现理论，向下连接个体价值的实现理论，与思想政治教育的社会价值和个体价值实现理论共同构成完整的思想政治教育价值实现理论体系。

在高校思想政治教育价值实现的过程中，集体是一个有目的、有组织的集合体，该集合体必然有其价值追求，如何使这一追求成为现实，是一个值得研究的问题。思想政治教育集体价值实现，是指思想政治教育活动对多位成员组成的集合体的存在和发展需要的满足关系。

具有共同目标的人聚在一起会组成一个集体。思想政治教育价值有时通过集体价值表现，以集体为主。思想政治教育的客体价值通过集体来实现，也就是思想政治教育活动可以满足集体发展需要。由于思想政治教育本身具有独特的属性和作用，故可以对集体产生积极的影响，促进集体发展。

1. 增强集体凝聚力

思想政治教育可以团结和凝聚广大人民群众的力量，这在长期的革命实践中已经得到了验证。思想政治教育可以使人们团结一致，形成强大的动力，推动集体发展，凝聚众人的力量。

（1）强化集体认知。思想政治教育通过让个体认识到自身与社会的联结，来实现个人价值；同时，个人通过加强思想政治教育，可以逐渐形成集体的价值观和行为准则，从而约束自己的行为。

（2）深化集体情感。思想政治教育能够培养个人对集体的认同感、归属感、荣誉感，构筑健康的集体心理，使个体渴望成为集体中的一员，自觉把个人利益和集体利益结合在一起，与集体荣辱与共。

（3）坚定集体信念。思想政治教育通过引导人们的思想意识来影响集体成员的行为习惯，让集体成员形成集体荣誉感和责任感，并对集体保持忠诚、自信和自豪感，这种觉悟能让集体成员通过共同的目标来激励自己、约束自我的行为习惯。

2．化解集体矛盾

集体主义教育涵盖多个方面，包括个人与集体关系的处理、对他人的理解与包容，以及集体成员之间的团结合作等。在思想政治教育中，可以采用多种方式来化解集体内部的矛盾、解决问题，以促进集体内部成员关系的和谐与团结一致。

（1）营造良好的集体氛围。思想政治教育应建立在对集体成员有深入认识与了解的基础上，以及时发现并解决问题，对集体成员进行正面引导。由于领导者在集体舆论形成中具有一定的权威，因此可利用这一权威把握舆论导向，将思想政治教育内容融入舆论中，增强其感染力，营造积极向上的集体氛围。

（2）建立平等沟通交流的平台。思想政治教育应发挥沟通的作用，通过面对面的直接交流、座谈会等形式，促进思想的交流和意见的交换，为集体成员提供自由平等的交流平台，从而增进彼此之间的感情，促进问题的解决。

（3）关注集体成员的心理状态。思想政治教育旨在促进良好的干群关系的形成，帮助集体成员处理人际关系，正确看待彼此之间的关系，避免竞争导致的认识偏差，以维持集体成员的心理平衡。同时，它也有助于更清晰地认识和了解集体成员的思想，为制定和完善相关政策提供便利，充分考虑集体成员的意愿。

3．实现集体目标

个人的价值实现既在社会中进行，也在集体中进行。社会的发展同样需要个人和集体的努力。思想政治教育的目的在于帮助人们处理个人、集体和社会三者之间的关系，将社会建设目标融入集体目标，使集体目标反映社会发展方向，推动集体科学发展。

有效的集体目标应得到全体成员的认同，并成为个人目标的一部分，以促进集体目标的实现。思想政治教育主要通过宣传方式，让人们认识到集体发展目标，并用辩证、发展的眼光看待这个目标，使个人的志向与集体目标相一致，明确个人的发展方向。

在思想政治教育的影响下，集体成员能更明显地表现个人情绪，情感更充沛，彼此关系更融洽，激发积极情感，抵制消极情绪。此外，还可以引导集体成员在情感和组织上更加积极向上。最终，集体目标能够内化为个人的目标，而凝聚众人的力量可以更好地实现集体目标。

4. 创设集体文化

全体成员的共同努力创造了集体文化，这包括物质和非物质方面的文化。通过学习，集体成员可以传承和发扬集体文化。在集体文化建设和发展过程中，思想政治教育主要具有以下两方面作用：

（1）制度文化方面。集体成员的行为受到各种规章制度的约束和支配。如果全体成员能够认同并自觉遵守集体的规章制度，这些规章制度将有助于实现全体成员的利益，并稳步提升其物质生活水平。因此，思想政治教育应帮助全体成员对集体的规章制度产生认同，并促使他们不断完善这些制度。

（2）精神文化方面。思想政治教育对人的思想具有塑造作用，能够统一集体成员的价值追求，让其树立正确的价值观念，从而使集体文化具有更强大的生命力和凝聚力。组织思想政治教育活动，可以不断强化有代表性的集体文化，一些具有特色的集体仪式和象征物等能以更独特的方式对全体成员产生影响，塑造更好的集体形象。

（三）个体价值的实现

个体价值的实现是相对于社会价值和集体价值的实现而言的。个体价值的实现是指思想政治教育对个体需要的满足，个体价值实现的核心是实现人的全面发展。个体既包括教育工作者个体，又包括受教育者个体。

1. 教育工作者的个体价值

在思想政治教育价值实现的过程中，思想政治教育工作者个体价值实现是指对教育工作者个体成长、发展的需要的实现，或者说是满足教育工作者个体成长和发展的需要。

（1）教育工作者个体成长的需求对思想政治教育的价值实现至关重要。教育工作者的个体价值主要体现在思想政治教育满足其学习和素质形成需求，以及满足其工作需求。

首先，思想政治教育满足了教育工作者个体的学习和素质形成需求。教育工作者的个体价值通过教书育人来展现。为了胜任教书育人的任务，教育工作者需要具备高尚的师德和过硬的业务技能。师德的培养和技能的获取都离不开思想政治教育。在教育工作者个体价值实现过程中，思想政治教育对于满足其学习需求至关重要。对教育工作者个体进行思想政治教育具有重要意义。思想政治教育可以满足教育工作者的主体精神需求，促进其素质的提高。通过思想政治教育，教育工作者能培养和提升自身的素质，习得扎实的文化知识，改善主观世界，提高认识和改造世界的能力，促进个体的全面发展。此外，思想政治教育还能满足教育工作者个体良好思想素质形成的需求，帮助其习得和养成良好的品德，从而奠定其教书育人工作的基础。

其次，思想政治教育满足了教育工作者个体的工作需求。教育工作者必须在一定阶段的学习之后参与教书育人的工作。对于思想政治教育价值实现而言，如何使教育工作者更好地开展工作是一个重要问题。教育工作者通过社会或组织的委托从事教育工作，需要具备优秀的思想品质、良好的心理素质和扎实的业务素质。思想政治教育应当培养教育工作者优秀的思想品质和心理素质，以及扎实的业务素质，以满足其工作需求，实现其个体价值。

（2）教育工作者个体发展的需要。发展是指事物朝着积极的方向不断前进，经历不断的量变，最终实现质的飞跃。教育工作者个体的价值实现不仅需要满足其学习和品德形成的需求，还必须满足其个体发展的需求。具体来说，可以从以下两个方面着手：

首先，满足教育工作者个体专业知识发展的需求。满足教育工作者个体专业发展的需求是思想政治教育工作者个体价值实现的重要内容。教育工作者的使命是教书育人，完成党和国家赋予的培养社会主义接班人的使命。为了胜任这一使命，教育工作者不仅需要具备一定的知识，还需要不断提高自己的专业水平，如学习思想政治教育学、思想政治教育心理学等。思想政治教育应引导教育工作者用发展的眼光看待自己的职业，不断学习、不断进步，注重积累专业知识，不断更新。

其次，满足教育工作者个体品质提升的需求。教师是一个使人向善的职业，需要使学生的思想品质符合一定的社会要求。然而，教育工作者仅凭借原有的品质修养难以满足学生不断增长的品质发展需求。为了解决这个问题，最有效的方法就是对教育工作者进行思想政治教育，如进行爱国主义教育等。如果教育工作者不及时加强思想政治教育，不提升自己的思想政治水平，就无法满足对学生教育的需要。同时，还需要加强对党的路线、方针、政策的理论教育。只有加强思想政治教育，才能满足教育工作者个体品质发展的需求。

2. 受教育者的个体价值

思想政治教育主体价值的实现除教育工作者个体价值实现外，还包括受教育者个体价值的实现。受教育者个体价值的实现，主要表现在受教育者个体的政治素质得到明显提高、智能素质得到全面开发、道德素质得到明显提高。

（1）受教育者个体的政治素质。政治素质涵盖了受教育者个体的政治立场、政治信念和态度、政治水平等方面的综合表现。思想政治教育被视为提高受教育者政治素质的根本途径。为了提升受教育者的政治素质，应从以下三个方面着手：

第一，让受教育者坚定个体的政治立场。政治立场是一个人在政治上的立场和态度。在思想政治教育价值实现中，受教育者个体必须坚定地站在无产阶级立场上，忠于党和人民、全心全意为人民服务。具体而言，表现为坚持为社会主义现代化建设服务，为共产主义理想奋斗；拥护、宣传并贯彻执行党的路线、方针和政策；坚持科学发展观，致力于为中国特色社会主义事业贡献力量。

第二，让受教育者树立个体的政治信念和态度。政治信念是一个人的安身立命之本，是中国特色社会主义事业兴衰的灵魂。受教育者应树立共产主义理想信念，从而具备持续前进的动力。政治态度则影响着立场的坚定性。受教育者应以热情的态度理解、学习、宣传党的路线、方针、政策，通过实际行动体现自己的政治信念和态度，同时抵制不良政治态度，与不良现象进行斗争。

第三，让受教育者提高个体的政治水平。政治水平包括政治辨别能力、政治警惕性，以及善于从实际出发，正确运用客观规律的能力。政治水平的提升依赖于思想政治教育价值的实现程度和马克思主义理论修养的水平。受教育者应加强党的理论学习，提高马克思主义理论水平，提升自身的政治水平。具体来说，受教育者应具备较高的马克思主义理论水平，善于运用马克思主义的世界观和方法论来分析与解决问题，同时具备较高的政治觉悟，具体表现为敏锐的政治嗅觉和高度的政治警惕性。

（2）受教育者个体的智能素质。智能是指在思想政治教育个体价值实现的过程中经常地、稳定地表现出来的个性心理特征，是全面开发和造就个体人才的基本因素，主要包括智力和能力两方面的素质。在思想政治教育个体价值实现的过程中，既要重视开发受教育者个体的智力素质，又要重视开发受教育者个体的能力素质，只有一起开发这两种能力，才能满足受教育者个体价值实现的需要。

首先，智力素质是在思想政治教育价值实现中展现出来的能力，包括观察能力、注意力、记忆力、思维能力和想象力等。聪明的人通常具备良好的智力素质，这是有效掌握知识、顺利完成活动所必不可少的能力。在个体价值实现的过程中，需要全面开发这些能力。

其次，受教育者个体应该具备的能力素质，包括合理利用与支配各类资源、处理人际关系、获取与利用信息、系统分析等能力。这些素质影响受教育者个体的价值实现能力，因此，在思想政治教育过程中，应全面开发和培养这些能力素质。

（3）受教育者个体的道德素质。道德素质是人们的道德认识和道德行为水平的综合反映，包含一个人的道德修养和道德情操，体现着一个人的道德水平和道德风貌。道德素质的提高在思想政治教育价值实现中起着关键作用。具体而言，要提高受教育者主体的道德素质，必须要做到以下几点：

第一，通过思想政治教育培养良好的道德观念。只有确立了社会主义道德观念，才能使自己的道德观念和道德行为进入社会主义道德规范的轨道，具有社会公德、职业道德和家庭美德。社会主义的道德观念显示，诚实守信是道德之本。

第二，注重道德品质塑造和道德行为养成倾向的理想信念教育。我们既要注重道德规范、道德理想等道德知识的灌输，也要注重以道德品质塑造和道德行为养成为导向的理想信念教育，从而克服受教育者主体道德知识与道德行为的不一致性，做到知行合一。一方面，要注重学生道德行为能力的培养。这种能力就是学生要把道德意识转化为自觉的行为，自律、自戒、自我完善，达到"慎独"的境界，努力做一个高尚的人。另一方面，要注重培养学生的道德人格。道德人格是人们在社会生活中通过自身的言行、情态等所表现出来的为人的品位或格调，是思想、品德、情感的综合体，其中最重要因素是道德人格。良好的道德是立人之本。

由此可见，高校思想政治教育必须以培养学生的道德行为能力和道德人格为重要内容，这些思想道德素质会内化为学生综合素质的主要内容之一，为顺利实现受教育者主体价值打下良好的思想基础。

第二节　学生思想政治教育的目标设定与系统构建

人们在进行思想政治教育之前会事先预估受教育者在未来的道德素质、思想、政治素养等，设定教育目标的前提在于开展思想政治教育想要获得的期望结果，即受教育者的收获及感受是评判思想政治教育的教育效果、教育价值的标准。开展思想政治教育的最终目标是获得教育活动成果、提升教育质量。反之，教育成果和质量作为一个标准，对于思想政治教育的开展也具有指导和调控作用，即利用这些结果及时调整教学方法、教学内容等。

一、学生思想政治教育目标设定的理论前提

（一）思想政治教育目标设定的现实需求

随着社会的快速发展和变革，思想政治教育目标的设定必须紧密契合时代需求。在全球化、信息化、网络化的大背景下，社会价值观念日益多元，文化冲突与融合并存。因此，思想政治教育目标需要更加注重培养学生的国际视野、跨文化交流能力和全球意识，使他们能够在复杂多变的社会环境中保持清醒的头脑，坚守社会主义核心价值观，为社会的和谐稳定与发展贡献力量。与此同时，国家的发展需要大量具有高素质、高技能、高责任感的人才。思想政治教育作为培养人才的重要途径，其目标设定必须紧密围绕国家发展战略。通过强化学生的爱国情怀、社会责任感和历史使命感，培养他们对国家和民族的深厚情感，激发他们的创新精神和创造力，可以为国家的发展提供源源不断的人才支持。学生作为思想政治教育的主体，其个体成长的需求也是目标设定的重要考量因素。在知识爆炸的时代，学生不仅需要掌握扎实的专业知识，更需要具备良好的道德品质、心理素质和人际交往能力。因此，思想政治教育目标应注重学生的全面发展，通过多样化的教育方式和手段，促进学生的身心健康、人格完善和社会适应能力提升。

另外，教育改革是推动教育发展的不竭动力。随着教育改革的不断深入，思想政治教育也需要不断创新和完善。目标设定作为教育改革的先导环节，必须紧跟时代步伐，体现先进的教育理念和教育思想。通过明确、具体、可操作的目标设定，引导思想政治教育向更加科学、规范、现代化的方向发展。

当前社会面临着诸多挑战和问题，如网络成瘾、心理健康问题等。这些问题对青少年的健康成长会产生不良影响。因此，思想政治教育目标设定需要针对这些社会问题提出有效的应对策略和措施。可以通过加强网络素养教育、心理健康教育、法治教育等，帮助学生树立正确的价值观，提高他们的自我保护能力和社会适应能力。

（二）设定思想政治教育目标的基本原则

1. 系统性原则

系统性原则，又称为整体性原则，在设定思政教学目标时起着重要作用。该原则将思政教学目标体系视为一个整体，引导学生在完成各个阶段目标的过程中逐步实现整体目标。具备系统性的思政教学目标通常具有系统、完整、平衡等特征。系统性指的是各个要素按照一定的联系、方式、逻辑，组成具有特定功能和结构的有机整体。作为一个综合性概念，思政教学目标按照一定的逻辑汇集了多个子目标。这些子目标具有各自的规定性和特殊性，彼此之间相互联系、相互渗透，形成完整的思想政治教育目标。通过充分发挥各自的特质，这些子目标共同发挥作用，实现整体目标。

目标具有预期性，它是人们对于时间在未来可能会产生结果的一种预判，教育目标也同样如此。在设定思想政治教育目标时，一定要注意全面考虑，面向全体学生，提出科学的思想政治教育体系，并以此为基础提出统一的目标，具体要求如下：

（1）在学生教育方面，社会、学校和家庭一定要对这点达成共识，以便形成良性机制，为人才实现全面发展营造良好的氛围和条件。

（2）在设定目标时，教育工作者一定要注意考虑受教育者的道德水平，在发展道德品质的过程中存在阶段性表现的现象。完成设定目标绝对不是一个一蹴而就的过程，需要耗费大量时间、精力，才能逐渐提高。

2. 现实性原则

现实性原则的实质，是指导学校在实事求是这一思想路线的指引下依据实际情况、实际条件及实际需求拟定思想政治教学目标。现实性原则从本质上与党的核心思想路线是一致的，即坚持实事求是。"实事"实际上是指一切客观存在的事物，"是"是指事物之间存在的客观规律，"求"则是指人们对于这种规律的探索与研究。依据现实开展思想政治教育活动是开展教育活动的必由之路，在教育领域，现实性在众多规律中具有不可超越性。在实际教学中坚持现实性原则来拟定教学目标是必要的，具体要求如下：

（1）坚持深入实际进行研究，将时代精神、特征体现在教学目标上，以培养具有开拓精神、创新精神的人才为目标。只有这样，才能让思想政治教育避免更多的主观性和盲目性，具有更多的实效性，进而能够对思想政治教育产生更强的指导性意义。

（2）坚持将实践和理论联系起来，即坚持认识和实践统一、主观与客观统一。只有这样，学生的教学目标才能在设定上更加符合时代精神，能够激励学生即便是在困境中也能坚持奋斗、坚持努力。

（3）坚持与时俱进，用发展的眼光看待社会变化和学生思想的变化。换言之，由于时代和社会是不断发展的，加之学生自身的思想也在不断变化，所以设定思想政治教育的目标也要根据现实条件及时进行调整。

3. 层次性原则

层次性原则，是指根据对象的思想状况、发展需要分别设定不同层次的思政教学目标。层次性原则在实际教学中具有科学性，主要原因在于学生自身的生存环境、接受能力、性格特征、道德品质、思想觉悟等各不相同，这一原则完全可以考虑个体与个体之间的差别，做到因材施教，将个人的能力发挥到极致。具体在思政教学中，除了上述因素，现实生活中人们在思想上的状况也是重要的影响因素之一。在设定目标时，应对学生的思想状况给予关注，即一定要根据学生实际的思想状况来设定思想政治教育目标。

在实际教学中，层次性原则的具体要求如下：

（1）坚持从实际出发，根据学生的思想状况开展有针对性的工作。要想思想政治教育切实可行，唯一的途径就是在实践中了解学生在认知、思想及身心等方面的状况，并以此来设定符合不同层次学生人群的教学目标。

（2）坚持用整体视野，对不同层次的教学目标进行规划。在目标设定上，学校应注意统一思想政治教学目标的先进性和现实性，让学生在学习的过程中实现全面发展。

（3）营造民主、和谐的环境，以及既能帮助学生实现全面发展又能帮助学生实现个性化发展的环境。

二、学生思想政治教育目标设定的具体内容

（一）合格的社会主义建设者

1. 社会责任感

社会责任感，是社会主义建设者必备的素质之一，可以揭示个体与社会之间的紧密联系。社会责任感是指社会主义建设者所承担的地域发展的社会使命、社会职责和社会义务，其核心是整体的共同利益。作为一种道德情感，社会责任感实质上是指社会主义建设者在面对国家、集体及他人时应承担的责任。社会责任

感凸显了社会与个人之间紧密相连的关系：一方面，社会将存在一定联系的人们联系在一起形成一个综合概念；另一方面，个人无法脱离社会，因为纯粹独立的、抽象的个人在实际生活中是不存在的。因此，社会是由人构成的，而人是社会的组成部分，是各种社会关系的总和。

在实际的教学中，应做到以下几点：①在个人、集体、国家三者之间的关系上，开展思想政治教育的教师一定要有意识地引导学生将三者之间的关系处理好，让他们树立正确的价值观念，坚持将国家、民族前途和命运放在首要位置，有机实现个人和国家的统一发展；②教师一定要重视对于学生奉献精神的培育，引导他们在面对利益冲突时能够以大局为重，将集体利益作为首要选择；③教师要引导学生在学习的过程中树立集体主义观念，有意识地根据社会需求调整自己的行为和态度，使自己的行为方式更加贴合社会需求，从而使他们更容易发挥出集体的力量，进而在事业上获得成功；④教师一定要培养学生勤奋好学、爱岗敬业的精神；⑤教师还要注意培养学生在诚信、团结等方面的品德，教育学生诚信友善、热爱集体。

教师还要在认知层面，引导学生对社会责任进行深入了解：①强化学生自身的主人翁意识，知晓自身的权利及义务，并能够正确看待并处理权利和义务之间的关系；②要注意强化学生对于责任、义务与权利之间的理解，引导他们理解责任在某种程度上等同于义务，引导他们在遵守原则的前提下自觉享受权利、自觉遵守义务；③要引导学生树立国家利益观，强化国家意识，在国家利益受到威胁时能够自觉维护国家利益；④教师在日常的教学过程中要协助学生对民主与法治之间的关系进行深入的理解，以便增强学生的民主思想，在日常生活中能够做到知法、守法、用法，学会用法律的手段维护自己的利益，尊重他人对事物的表达权；⑤教师要强化学生在教学过程中的参与感，引导他们以强烈的社会责任感来主动投入社会建设中。

在历史使命这一层面上，教师需要借助自身工作的便利引导学生认识到自己的社会责任，这既是社会赋予他们的责任，也是时代赋予他们的使命。大学生是否具有社会责任感将直接对国家和民族的兴衰产生影响。

2. 创新性思维

一个合格的社会主义建设者必须具备创新思维、创新精神和创新能力，这也是在知识经济时代人才必备的能力之一。

当前，我国正处于转型时期，科技创新不断涌现。科技方面的优势对国家发展的主动性极其重要，而科技优势的关键在于创新和高素质人才。高校作为培养人才的重要基地，是整个国家创新人才的核心力量。

对国家来说，实现社会主义事业的关键在于增强创新能力；对大学生个人来说，创新是成才的必要条件之一。因此，创新思维、创新精神和创新能力是合格的社会主义建设者的重要评判标准之一。创新对大学生成为合格的社会主义建设者具有重要的作用。

（1）在创新思维方面，要想发展想象力，就需要转变思维模式，摆脱思维惯性，加强思维模式的创新，以此来增强想象力，进而拥有更加多元的创新思维模式，如形象思维、联想思维、灵感思维、模糊思维、回溯思维、逆向思维、发散思维、聚焦思维、相似剩余思维等。

（2）在创新实践方面，鼓励学生在实践中大胆进行创新，以便培养学生的实践能力及学生在创新思维上的能力；倡导学生坚持实践，重视培养学生对专业知识的学习兴趣，鼓励其通过课外调研活动来进一步拓宽自己的知识面，促进自我创新意识的开发与培养。

（3）在想象力方面，帮助学生摆脱现实桎梏。拥有丰富的想象力，能够在没有任何描述的情况下在脑海中独立地创造出新形象，且能将思考的触角指向未来。想象是头脑在现有图像的基础上进行再创作的能力。在创新过程中，想象力贯穿创新过程的始终，体现了创新的最高能力。在培养学生想象力的过程中，可以通过尊重学生个性，丰富其生活经历，来激发并鼓励学生发展并剖析自身的想象力。

（4）在人格素质方面，培养创新意识，需要学生拥有创新精神，要有敢于思考、敢于动手、敢于想象、敢于创新、敢于标新立异的勇气。此外，学生还要有明确的目标、坚定的意志及正确面对创新过程中困难的态度。

（二）学生实现个体全面发展

在当代教育体系中，学生个体的全面发展被视为教育的核心目标，其内涵包含德、智、体、美、劳等多维度的培养。这个目标的实现，旨在塑造符合时代要求的高素质人才，以适应社会发展的多元需求。

德育在学生全面发展中占据着举足轻重的地位。它不仅关乎个体的道德修养，还是社会文明进步的重要体现。在教育过程中，德育的实施旨在培养学生的爱国情怀、民族自尊心与自信心，以及自觉维护国家荣誉和民族团结的意识。通过系统的思想政治教育，学生能够树立全心全意为人民服务的思想，形成正确的世界观和方法论，深化对国家政治、经济、文化的认识，并在法治社会中培养遵纪守法的意识。

智育能为学生提供知识与智力的基础支撑。教师可以通过传授文化知识和技能，促进学生知识结构的合理化，让学生具备深厚的专业知识储备和广阔的知识视野。智育的实施不仅要求学生掌握人文社会科学知识和自然科学知识，还强调专业知识的稳定性和应用性，以及创新意识与实践能力的培养。这些能力的提升，有助于学生在未来的专业领域和社会生活中发挥积极作用。

体育作为学生全面发展的重要组成部分，关注的是身体素质的培养和健康生活方式的养成。通过体育锻炼，学生不仅能提高自身的生理机能，还能培养良好的卫生习惯和自我保健意识。体育教育的实施，有助于学生形成健康的生活态度和习惯，为其全面发展提供物质基础。

美育在学生全面发展中发挥着独特而重要的作用。它通过审美教育的途径，培养学生的审美观念、审美能力和创造力。美育的实施，不仅要求学生掌握艺术的基本知识，还鼓励他们参与审美实践，形成健康的兴趣和爱好，以美来丰富生活、提升情操。

劳动教育，作为实现学生全面发展的重要组成部分，其重要性不容忽视。它通过劳动实践，培养学生的劳动观念、劳动技能和劳动习惯，使学生在劳动中体验到创造价值的喜悦，理解劳动对于个人成长和社会进步的重要意义。

综上所述，德育、智育、体育、美育、劳动教育构成了学生全面发展的教育体系。这一体系的实施，要求教师全面关注学生各个方面的发展。采用多元化的教育手段，促进学生在道德、知识、身体、审美和劳动等方面的均衡发展，可以使其成长为适应时代需求的高素质人才。

三、系统构建学生思想政治教育目标体系

开展思想政治教育，首先要做的是搭建一个适合学生发展的思想政治教育目标体系，只有在确定思想政治教育目标体系的情况下，才能为思想政治教育在未来开展教学工作时指明方向、确定内容、提供方法、搭建队伍等。教育目标既是开展思想政治教育的起点，也是开展思想政治教育的终点。

（一）构建思想政治教育目标体系的意义

1. 编制思想政治教育课程的标准

（1）明确课程目标。设定清晰的课程目标，包括知识、能力和素养方面。明确课程的培养目标有助于指导课程的设计和实施。

（2）贴近实际需求。课程设计应与学生的实际需求和社会发展紧密相连。思想政治教育应当关注培养学生的创新思维、社会责任感和国际视野，以适应不断变化的社会环境。在全球化时代，思想政治教育应该具有国际化视野，关注国际事务，培养学生的国际交往能力和全球视野。

（3）内容体系全面。构建完整的思想政治教育内容体系，覆盖政治经济、文化历史、国际关系等方面。确保课程内容的全面性，能够培养学生全面的思想觉悟。

（4）强调实践教育。将理论知识与实际问题相结合，通过案例分析、社会实践等方式，促使学生将所学知识运用到实际生活和社会实践中。整合社会实践环节，使学生有机会参与社会服务、实地调研等活动，将课堂所学知识应用到实际中，加深对社会问题的认识。

（5）鼓励参与互动。采用多元化的教学方法，鼓励学生参与课堂讨论、小组合作、社会实践等互动环节。这有助于激发学生的兴趣，增强学习效果。

（6）运用灵活的教学手段。教学手段应灵活多样，包括课堂讲授、讨论、案例分析、多媒体展示等。可以结合新技术，如在线学习平台，为学生提供多样化的学习体验。

（7）注重评价体系。设计科学、全面的评价体系，既要包括学科知识的考核，也要涉及思想政治觉悟、创新能力等方面的评价。注重形成性评价，关注学生学习过程中的发展。

（8）设立反思和改进机制。设立定期的课程评估和反思机制，收集师生的反馈意见，及时调整和改进课程设计，确保课程的不断优化。

2. 为思想政治教育评价管理提供标准

积极搭建思想政治教育目标体系，可以为管理与评价思想政治教育提供标准。思想政治教育管理范围广泛，包括学校内的行为规范、学籍管理、社团组织管理和素质管理，以及社会与教育方面的工作等。思想政治教育目标体系具有阶段性、实效性和可操作性等特征，可以为教师提供合理评价学生能力和素质的标准。教师可根据短期目标评价学生的表现，并为他们提供可实现的目标，为其指导方向。此外，思想政治教育目标体系还可以为上级领导评价思想政治教育工作提供判断标准。

3. 指导思想政治教育的改革

积极搭建思想政治教育目标体系，可以指导思想政治教育的改革。近年来，思想政治教育工作开始重视传统教育模式的弊端，并有意识地对教育内容和方法进行改革与调整，以更好地满足学生的需求。尽管人们已经对思想政治教育目标体系进行了调整，但仍存在不足之处，需要继续改进。建立科学有效的思想政治教育目标体系不仅可以为教育工作指明方向，还能促进教育工作的完善，使其具有更强的系统性和实效性。

（二）构建思想政治教育目标体系的内容

教育目标的范围不仅包括党、国家和相关部门根据时代与历史人物提出的问题，还包括学生自身健康成长的问题。思想政治教育目标体系具有统一性、复杂性和多样性，同时还呈现出层次性的特征。作为一个综合概念，思想政治教育目标体系需要在总目标的指引下确立阶段目标，并逐步实现最终目标。在这个过程中，教育目标发挥着引导、鼓励、选择和评价的作用，可以直接检验目标的合理性，以便及时调整。在设定思想政治教育目标时，必须根据时代对人才的需求，结合我国学生的特点，科学合理地建立有实效性的思想政治教育目标体系。

受系统论的影响，思想政治教育构建了一个具有系统性和开放性的四维立体目标体系。在横向上，该体系贯穿教育各个层面；在纵向上，可以根据不同年级的学生设定不同难度的教学目标。该体系以层级递进的方式将各个目标有机地联系在一起。

第一，横向思想政治教育目标群包括思想、政治、道德、法纪和心理五个目标。这些目标相互联系、相互渗透、相互制约，其中政治目标是根本，思想目标是导向，道德目标是核心，法纪目标是保障，心理目标是基础。

第二，纵向思想政治教育目标群，根据不同年级学生的成长阶段设定不同难度的教学目标。低年级教育目标是高年级教育目标的基础，两者相互衔接、递进发展。

第三，思想政治教育目标体系的内部结构，包括认知、情感、意志、信念和行为目标群。这些目标之间相互联系，构成一个有机的整体。

第四，思想政治教育目标体系的外部结构，包括政治、经济、文化、社会和环境等多种实际因素。针对当下的新形势，思想政治教育目标体系需要增强时代感、实效性和针对性，以保持与时俱进，发挥其指导、控制和调节作用。

传统思想政治教育往往对目标体系的外部结构不够重视，从而构建了一个三维的目标体系。这种三维目标体系脱离了社会实践，成了一个孤立、封闭的体系，背离了实践的要求。

第三节　学生思想政治教育的规律探寻与可持续发展

"中外合作办学是我国高等教育中一种重要的办学形式，可以为我国培养具有国际化视野、具备国际竞争力的人才提供条件，可以满足多样化的教育需求。同时，中外合作办学对我国高校思想政治教育提出了新的课题和挑战。"推动高校中外合作办学项目学生思想政治教育的科学发展，是确保教育工作有效进行、学生思想品德全面提升的重要举措。这个过程需要紧紧围绕思想政治教育的既定目标，遵循教育规律，创新工作方式方法，探索长效机制，以提高教育的针对性和有效性，从而实现思想政治教育工作的可持续发展。

一、把握学生思想政治教育的发展规律

推动中外合作办学项目学生思想政治教育科学发展，就是要使思想政治教育工作符合思想政治教育发展规律，使教育活动真正起作用、有效果。为此要重点从两个方面探求思想政治教育规律：一是遵循思想政治教育的普遍规律，二是遵循思想政治教育的过程规律。

（一）普遍规律

思想政治教育在高校中外合作办学项目中具有重要地位，其工作不只是传授知识和技能，更重要的是引导学生形成正确的思想观念和道德品质。针对高校学生思想政治教育的普遍规律，可以从内化外化规律、思想需求促进规律和情绪情感参与规律三个方面展开探讨。

1. 内化外化规律

思想政治教育过程是教育工作者有目的、有计划、有组织地帮助和引导受教育者实现内化与外化，使受教育者形成一定的社会所期望的思想品德和人格品质的过程。内化是一种认知过程，即教育工作者帮助和引导受教育者将一定的社会的思想品德和人格要求转化为自己的思想认识的过程；外化是一种践行过程，即教育工作者帮助和引导受教育者，将已经形成的思想认识转化为自己的思想品德行为，并养成良好的思想品德行为习惯的过程。

（1）内化过程：认知认同。大学生思想品德形成的过程，实际上是他们知、情、意、行统一发展的过程。在这个过程中，知是情、意、行的基础，也是行的先导；情是知、意的催化剂，也是行的推动力；意是知、情的体现，也是行的杠

杆：行是知、情、意辩证运动的外在表现和最终结果，又是强化和巩固知、情、意的基础。知、情、意、行四种要素同样重要，缺一不可，是构成大学生思想品德的重要因素。认知，是开展日常思想政治教育的前提。通过对时代特征和基本国情的把握，可以引导大学生认识自己所肩负的社会责任和历史使命，这是开展日常思想政治教育的基础和依据。内化，是开展日常思想政治教育的关键。

（2）外化过程：行为实践。人们既在改造世界活动的基础上认识世界，又在认识世界活动的指导下改造世界；既在行的基础上去知，又在知的指导下去行。离开了行，人们就无法认识世界、获得真知；离开了知，人们就无法改造世界，只能盲目地行。行为对认知有检验作用，并能强化、巩固原有认知或修正、调整原有认知。同时，行为能使个体产生对某项活动的经验，每当个体做出一定的行为时，个体总能不断地取得新的经验，而经验是以知识的形式存在的，因而行为能够不断丰富认知。因此，行为实践是开展日常思想政治教育的归宿，形式多样的实践是对思想政治教育内化的认识的展现。

（3）外化—内化的步骤。在开展思想政治教育的过程中，必须注重规律层面的探索，遵循"认知—内化—践行"的规律和步骤。

认知是开展主题教育的前提，是思想政治教育取得成效的基础。例如，可以通过引导大学生对时代特征和基本国情的认识与把握，促进大学生认识社会主义建设取得的成效、面临的困难，引导大学生逐步认识到自己肩负的社会责任和历史使命。这就是开展主题教育的基础、依据和起点。

内化是开展主题教育的关键，是教育活动取得实效的过程。可以通过对思想政治教育主题形成强烈的认同感，将思想政治教育的主题不断内化为自身的需求，实现由"自发发展状态"向"自觉发展状态"的转变。例如，组织优秀大学生先进事迹展，总有一些故事和做法可以打动参观者，从而唤起参观者"见贤思齐"的原始心理诉求，这就会激发受教育者开始行动的愿望。所以，科学设计思想政治教育环节、创新工作方法，从而更有效地激发学生的内心愿望是思想政治教育的关键。

践行是开展主题思想政治教育的归宿和落脚点。形式多样的实践，可以检验思想政治教育的效果。然而，践行需要条件和载体，否则即使内心有愿望也只能停留在心理层面。因此，积极创造条件，搭建大学生进行思想政治教育实践的舞台和机会，也是新时期思想政治教育工作的重要任务。

2. 思想需求促进规律

思想需求促进规律强调满足学生思想需求是促进学生接受思想教育的重要动

力来源。在中外合作办学项目中，教师需要关注学生的思想需求，帮助学生全面认识自己的内在需求，从而产生更持久的思想成长动力。

在实践中，教师应特别注重教育内容的选择和教育环节的设计。对于中国特色社会主义理论体系、社会主义核心价值观、理想信念教育等方面的教育内容，要增加可亲近性、可感知度，增强理论和思想的代入感、与学生的关联性，使学生认识到这些理论和思想的重要性，认识到与其学习生活的相关性，认识到其自身发展对这些理论和思想的需求性，从而激发学生的学习热情。

3. 情绪情感参与规律

情绪情感参与规律强调学生对思想政治教育的情感参与对于教育工作的重要性。积极的情感参与可以促进学生对某种思想的认同、接纳、追求、实践，而消极的情感参与会阻碍这个过程的有效进行。

在中外合作办学项目中，教师需要注重创新教育活动形式和方法，增强学生对教育过程的参与感、体验感，以及对教育活动的情感认同。教师应引导学生的积极情感，抑制、转化其消极情绪，使积极情感成为学生选择、认知思想信息的催化剂和驱动力，从而增强思想政治教育入脑入心的效果。

综上所述，思想政治教育的普遍规律包括内化外化规律、思想需求促进规律和情绪情感参与规律。在高校中外合作办学项目中，教师只有在实践中主动遵循这些规律，才能更好地引导学生形成正确的思想观念和道德品质，推动学生思想政治教育工作的有效开展。

（二）过程规律

长期以来，学生思想政治教育被一些人误解为纯粹的政治工作，或者被视为简单的教育工作，这种观念忽略了思想政治教育作为一门教育工作的科学性，也无法完全体现出思想政治教育的复杂性、全面性和系统性。因此，在高校中外合作办学项目中，必须进一步认识思想政治教育的过程规律，从而使思想政治教育实践更符合其自身的规律和特性。新时代，推动学生思想政治教育的科学发展，就是要促进思想政治教育符合其自身的发展规律，并且在开展日常思想政治教育中注重从全面性、规律性、针对性三个方面提升。

1. 全面性

思想政治教育是一项系统工程，从工作部门划分上看，除了思想政治理论课教学部门、学生工作部门、团学部门，还包括教务、人事、科技、财务、工会、后勤等部门，需要构建一种"全员育人"和"部门联动"的工作机制；从工作空间和环节上看，既包括第一课堂教育、第二课堂教育，又包括被称为"第三课堂"的网络思想政治教育平台；从工作时间上看，包括大学生从入学到毕业的全过程；从工作主体上看，除了教师，还包括学生、家长、社会大众等。

此外，思想政治教育工作内部存在板块划分问题，需要全面推进、协同开展。所以，强调思想政治教育的全面性、系统性，就是强调要从全局的高度、从全方位的广度、从全过程的深度来看问题、理思路、想办法，构建全面的、立体的、系统化的育人工作体系。为此，全面推动思想政治教育工作开展，要做到坚持知识、能力培育和价值观培育相结合，课内教育与课外教育相结合，解决思想问题与解决实际问题相结合，专职教师队伍与兼职教师队伍相结合，主动服务与学生自我服务相结合，学校教育与家庭教育相结合，传统方法与现代手段相结合，即时应对与建立长效机制相结合。

为此要注重处理好四个关系：①处理好基础工作和重大工作之间的关系，不要厚此薄彼；②处理好单项工作和整体工作之间的关系，不要以偏概全；③处理好服务性工作和教育性工作之间的关系，不要顾此失彼；④处理好思想政治育人与教书育人、管理育人、服务育人之间的关系，不要各自为政，要加强联动和配合，构建"全员育人"体系。

2. 针对性

提升学生思想政治教育的针对性，就是强调学生工作中的政策、举措、活动等要贴近大学生群体需求、贴近大学生心理行为特点，使二者的契合度进一步提升；注重思想政治教育的方式方法，既要体现思想政治教育主题，又要比较生动和富有感召力，提升思想政治教育活动的黏着力和可接受度。

（1）正视大学生所处的人生发展阶段，从生理和心理两个方面，深入把握大学生的思想行为特点。大学生处于"成人化""社会化"的转型阶段，处于未成年向成年人的过渡阶段，具有这个人生阶段独有的思想行为特点。

（2）把握当代大学生的时代特点。当代大学生具有断裂性和传承性并存、功利性与超越性并存、个体性与社会性并存的特点，必须针对这些情况，使思想政治教育活动更有现实针对性。

（3）把握学生的个性特征。针对不同学生个体的差异，积极探索"一把钥匙开一把锁"的工作方法，从而"对症下药"、增强教育效果。

长期以来，在一些地方和学校，思想政治教育效果欠佳，究其原因，就是脱离学生心理行为实际，没有找到学生思想行为问题的症结所在。所以，学生思想政治教育工作者必须对学生的思想和心理状况进行深入细致的分析，调研学生需求和愿望，把握学生个性特点，有针对性地开展工作。

3. 规律性

（1）思想政治教育是一项融合多学科理论，操作性、实践性较强的复合型工作，从认知到判断、从推理到决策、从制订计划到开展活动、从效果反馈到整改提高，所有思想政治教育的工作领域、工作板块、实践过程，都应当遵循相关的规律和规定，不能违背规律。

（2）思想政治教育工作始终处于不断发展变化之中，因此，必须加强调查研究，不断针对新问题采取新措施，使思想政治教育工作的实践符合客观规律的要求。

（3）思想政治教育工作者要通过经验总结和理论分析，以及基于调查研究的判断，对思想政治教育未来的发展趋势做出预测和研判，从而未雨绸缪、提前做好规划和预案。这就需要学生思想政治教育工作者必须树立"按规律办事"的理念，做到四个加强：①加强学习，掌握多学科知识，以促进理论指导实践；②加强调查研究，不断更新认识和工作方法；③加强总结提炼，对一些行之有效的实践做法进行理论分析，形成新的规律性认知；④加强工作研判，对国际国内形势和学校发展走向，以及学生工作可能面临的变化、发展和挑战，经常性地进行预判和展望，不断调整、修正工作规划和实施方案，从而使工作与时俱进、紧跟时代步伐。

二、探寻学生思想政治教育的关键要素

围绕促进高校内涵发展，推动思想政治教育科学发展，需要探寻其中的关键要素，从理念重构与体系设计、方法与路径创新、加强队伍建设等方面着力推进。

（一）科学设计，构筑全员育人格局

第一，以学生为本，制订思想政治工作方案。在中外合作办学项目中，学生群体可能具有不同的文化背景、学习需求和社会认知。因此，设计思想政治工作体系时，需要更加关注学生的特点和需求。这可能涉及跨文化沟通与理解，以确保思想政治工作的有效性和可持续性。

第二，全员育人，促进合作共赢。中外合作办学项目通常涉及来自不同国家和地区的教师与行政人员，他们在教学、科研、管理等方面具有丰富的经验和资源。构建全员育人机制，可以更好地整合各方资源，促进合作共赢。例如，可以

通过跨文化培训和交流活动，加强团队凝聚力和协作能力，从而提升思想政治工作的整体水平。

第三，平衡文化差异，推动融合发展。中外合作办学项目的学生和教职员工可能有不同文化背景，这可能导致思想政治工作面临更复杂的挑战。在这种情况下，需要更加灵活地运用各种手段和方法，平衡文化差异，促进融合发展。例如，可以开设跨文化交流和理解课程，组织跨文化活动，增进各方之间的理解和尊重，从而促进思想政治教育工作的顺利开展。

第四，服务人才培养目标，强化实践与理论结合。中外合作办学项目的目标通常是培养具有国际视野和跨文化交流能力的优秀人才。因此，在推动思想政治教育工作发展时，应该更加注重实践与理论的结合，以确保学生既能够掌握专业知识，又能够形成良好的思想政治素质。例如，可以将课堂教学与社会实践相结合，通过项目式学习和实践活动，培养学生的创新精神和实践能力，从而更好地实现人才培养目标。

（二）探索学生思想政治教育的新载体、新空间和新方法

结合当代大学生发展多元化、需求多样化、个体差异化的背景，提高思想政治教育的针对性和有效性，需要进一步创新思想政治教育工作方法，推进"精细化、个性化、人性化"发展。为此，要着力从第一、第二、第三课堂全面推进教育教学创新，探索思想政治教育的新载体、新空间、新方法，不断提高思想政治教育工作的针对性和亲和力，不断提高思想政治教育工作的实效性。

1. 推动课堂教学改革

（1）跨文化视角下的课程思想政治改革。中外合作办学项目中的课堂不只是知识传授的场所，更是跨文化交流和理解的平台。因此，推动课程思想政治改革需要更加注重跨文化视角。教师需要了解不同文化背景下学生的思想政治需求和特点，设计符合跨文化教学需求的课程内容和教学方法，以促进学生的全面发展和跨文化交流。

（2）强化跨学科融合，增强课堂育人效果。中外合作办学项目通常涉及多个学科领域的教学和研究，因此可以借助跨学科融合的优势，增强课堂育人效果。利用跨学科教学，可以拓宽学生的视野，促进学生思想政治素养的全面发展。例如，可以组织跨学科的案例分析和讨论，引导学生从不同学科角度思考和解决问题，培养其批判性思维和综合分析能力。

（3）创新教学方法，激发学生参与积极性。在中外合作办学项目中，教师

可以尝试采用多样化的教学方法，激发学生参与的积极性，增强课堂育人效果。例如，可以结合案例分析、小组讨论等形式，引导学生主动思考和表达，促进他们自主学习和终身学习能力的培养。

（4）建立评估机制，持续改进教学质量。中外合作办学项目中，建立科学有效的评估机制对于增强课堂育人效果非常重要。定期开展课堂教学评估和学生反馈调查，可以收集到教学效果数据和学生意见，及时发现问题并采取措施进行解决。同时，还可以通过教师培训和教学交流活动，促进教师专业水平和教学质量的持续提升。

2. 深入开展实践育人

在推动大学生思想政治教育水平提高的进程中，理论联系实际始终是中国共产党的重要传统。特别是在实践育人方面，教师应更加重视三项实践育人工作，即创新创业实践、社会实践、志愿服务。为建立良好的实践育人机制，教师需要重点做好"三个化"，即常态化、基地化和品牌化。同时，大学生应积极参与各类社会实践，在实践中了解国情、认识社会，从中受教育、长才干。思想政治教育必须融入服务学生成才的需求之中，才能持续发展。思想政治教育工作者需要结合学生实际，关心他们的需求和困难，才能使工作常新常活。因此，应积极推动思想政治教育的"三个融入"，即融入专业学习、融入道德成长，以及融入身心健康、职业发展与帮困助学服务过程。

3. 深入开展文化育人

（1）进行跨文化交流与融合。在中外合作办学项目中，学生有不同的文化背景，因此，注重文化浸润、熏陶需要考虑如何将中华优秀传统文化与其他文化相结合，实现跨文化交流与融合。可以通过比较研究、文化交流活动等形式，促进学生对中华优秀传统文化的理解和认同，同时增进他们对其他文化的了解和尊重。

（2）在课程设计和教学方法上，可以将中华优秀传统文化元素融入不同学科和课程中，如历史、文学、艺术等。通过教学内容和案例的选择，可以引导学生深入了解和体验中华优秀传统文化的精髓与价值观念。同时，还可以采用互动式教学、实践活动等方法，提升学生对中华传统文化的感知和体验。

（3）中外合作办学项目的校园文化建设和活动组织是实现文化浸润、熏陶的重要途径之一。学校可以组织丰富多彩的文化活动，如传统节日庆祝、文化艺术展示等传统文化体验活动，营造浓厚的文化氛围。同时，可以通过建立文化交流平台，鼓励学生积极参与，增强他们对中华传统文化的认同和情感联结。

（4）教师是思想政治教育工作中的重要力量，教师的理念和素养直接影响学生的思想政治教育效果。因此，中外合作办学项目应该加强教师队伍建设与培训，提升教师对中华优秀传统文化的理解和传播能力，使他们能够更好地在教学实践中贯彻中华传统文化的精神和价值观念。

4. 深入开展网络思想政治育人

在信息化时代背景下，网络新媒体展现出虚拟性、即时性、全民性和快捷性的特点，因此，抓好网络育人显得尤为重要。首先，应该着力加强网络新媒体平台建设，打造"易班""大学生在线"等全国性思想政治教育网站，以及高校主题教育网站，不仅要确保宗旨和主题明确，发布权威信息，强化引导，还要注重优化网站的交互界面，增强吸引力、可视性和亲近感。其次，需要深入研究学生的网络生活状态和习惯，密切跟随学生的信息聚落，做到"学生在哪里，辅导员在哪里"。最后，积极开发和利用新的网络工具，建设好微信、微博等新媒体平台，强化对学生的指导、引导和监管。在这个过程中，尤其需要提升高校网络思想政治教育工作能力，建设一支政治素质高、业务能力强的网络思想政治教育工作队伍，持续提高他们在网络思想政治教育方面的能力，以实现思想政治教育工作者在网络世界中"找得到网、留得下名、发得了言、谈得了话、走得了心"。

三、学生思想政治教育的可持续发展

可持续发展的概念最早是由生态、环境保护领域提出的。可持续发展理念在经济领域特别是环境保护领域的意思是既满足当代人的需求，又不对后代人满足其需求的能力构成危害的发展。这是一个密不可分的系统，既要达到发展经济的目的，又要保护好人类赖以生存的大气、淡水、海洋、土地和森林等自然资源与环境，使子孙后代能够永续发展和安居乐业。"统筹协调可持续"作为科学发展观的重要内容，是党和政府的重要执政理念。今天，在深入贯彻习近平新时代中国特色社会主义思想、推进"五位一体"总体布局实现的新阶段，无论什么行业、什么工作，都应当注意保持可持续发展，高校学生思想政治教育也应如此。

思想政治教育的科学发展，关键在于可持续发展。可持续发展理念包含三个要求：①学生的可持续发展，即大学教育旨在促进学生在德、智、体、美、劳方面的全面发展，开发大学生的发展潜能和发展后劲，为其毕业后的发展打好基础。②辅导员队伍的可持续发展。要使辅导员队伍保持较强的战斗力和执行力，保持适度规模，促进合理流动，保持持续发展动力。③学生工作本身的可持续发展，即依托顶层设计、制度体系，实现其长期保持较好的针对性、有效性、科学性。可以将前两个要求看作思想政治教育要实现的目标，即"人的可持续发展"；可以将第三个要求看作实现这个目标的保障，即思想政治教育工作自身的科学化。学生思想政治教育的可持续发展，应当从以下三个维度进行解读：

（一）意识与理念层面

在高校中外合作办学项目中，思想政治教育的核心理念是树立"以人为本"的观念，以学生为中心，以促进学生的全面发展为出发点和归宿。在该理念指导下，必须注意避免以下两个误区：

第一，要克服狭隘的"政绩观"，避免沉湎于"表面文章"，不要用零散的活动代替系统化的教育。有些思想政治教育工作者偏向于追求表面的光鲜，容易忽略对日常教育机制的完善与创新，过分注重形式而忽略内涵，这与可持续发展的理念背道而驰，也违背了"以人为本"的核心思想。

第二，要避免"短期行为"的陷阱。不应该因资金或资源的变动而导致工作起伏不定，应坚持可持续发展的理念，注重长期机制的建设与推进，始终将学生的长远发展放在首位。不论外部环境如何变化，教师都应该坚守作为思想政治教育工作者的本质和价值追求，将教书育人贯穿于一切工作之中，使之成为思想政治教育工作的永恒使命。

（二）物质与制度层面

在高校中外合作办学项目中，为了保持学生思想政治教育的可持续发展，必须确保必要的物质资源。因此，思想政治教育工作者需要在以下两个方面做好工作：

第一，在物质层面，必须加强开源与节流。这意味着要广泛拓展思想政治教育资源，包括资金、场地、设备、人力资源等，并善于呼吁和争取资源，同时要节约资源，避免铺张浪费。应加强整合与提高效率，思想政治教育工作者应具备"成本和产出"意识，用最低的成本实现最大的收益，并确保更多的学生受益。

第二，在制度层面，必须建立健全制度体系，实行以制度管人、以制度管物、以制度约束行为，以确保思想政治教育规划或计划的执行不会受到个人因素的影响，从而促进思想政治教育的可持续发展。另外，应通过固化成果的方式，将比较好的做法和举措以制度的方式固定下来、传承下去，以保持思想政治教育工作的长期良好状态。通过这些努力，可以确保高校学生思想政治教育的持续健康发展。

（三）人的发展层面

在高校中外合作办学项目中，人是所有要素中的首要因素，人的可持续发展是思想政治教育可持续发展的最关键因素。这里所指的人的可持续发展主要是指思想政治教育工作者，尤其是高校辅导员队伍的可持续发展。辅导员队伍的可持续发展建立在一定价值观基础上，他们应该具有向学生传播先进思想和学科知识的价值追求，喜爱并热爱学生工作，将其视为乐趣，将教育引导学生践行社会主义核心价值观作为人生志向，而不是仅将其视为"谋生的手段"。

因此，为促进辅导员队伍的可持续发展，应该努力构建"热爱学生工作、奉献学生工作"的团队文化，营造"得天下英才而教之"的环境氛围，促进辅导员队伍"矢志忠诚""敬业爱生""立德树人"，积极为社会主义教育事业做出贡献。通过这样的努力，我们能够推动高校思想政治教育的可持续发展，培养出更优秀的学生和教师，为社会发展贡献更多力量。

第四章 高校学生思想政治教育的方法选择与科学发展方向

第一节 学生思想政治教育方法的类型及选择运用

一、学生思想政治教育方法的基本类型

思想政治教育是大学生成长成才中的重要课程和环节之一，加强对当代大学生思想政治教育方法的发展研究，能有效促进思想政治教育学科理论的发展，有助于解决发展思想政治教育方法理论和实践形态在运作过程中遇到的系列问题，有助于提高思想政治教育方法的实效性，同时可以促进当代大学生思想政治教育方法论的发展。

（一）理论教育法

1. 系统灌输法

系统灌输法是采取讲解和报告等形式，系统地阐述思想政治问题或道德伦理问题，以提高学生在思想、政治、道德等方面的认识水平和思想觉悟的方法。系统灌输法的主要作用在于，形成并发展受教育者思想品德结构的"知""情""意""行"中"知"的方面，即形成和提高学生的道德认识。

2020 年，《求是》杂志发表了习近平总书记的重要文章《思政课是落实立德树人根本任务的关键课程》。文章强调，办好思政课，就是要开展马克思主义理论教育，用习近平新时代中国特色社会主义思想铸魂育人，引导学生增强中国特色社会主义道路自信、理论自信、制度自信、文化自信，厚植爱国主义情怀，把爱国情、强国志、报国行自觉融入坚持和发展中国特色社会主义、建设社会主义现代化强国、实现中华民族伟大复兴的奋斗之中。灌输是马克思主义理论教育的基本方法。让学生接受马克思主义，离不开必要的灌输，但这不等于搞填鸭式的"硬灌输"。要注重启发式教育，引导学生发现问题、分析问题、思考问题，在不断启发中让学生水到渠成得出结论。这里面，会讲故事、讲好故事十分重要，

思政课就要讲好中华民族的故事、中国共产党的故事、中华人民共和国的故事、中国特色社会主义的故事、改革开放的故事，特别是要讲好新时代的故事。讲故事，不仅老师讲，而且要组织学生自己讲。讲好思政课必须要有问题意识和问题导向，让思政课的价值性和马克思主义的真理性、中国特色社会主义的实践性融为一体，让思想政治理论教育有"温度"。

2. 理论学习法

理论学习的主要方式是阅读文字，主要是通过读书籍、报刊、网络文本进行的。读书活动是引导学生自己学习、思考、运用的一种自我教育方式。在思想政治教育方面，读书活动涉及的内容很多，有政治理论、历史知识、法律知识、伦理道德、人生修养等，这些内容要同思想实际、工作实际相结合。

3. 宣传教育法

宣传教育法是指运用大众传播媒介向学生传播正确理论和先进思想的方法，既有理论的阐述与辅导，也有典型的学习、运用示范。

其中，专题讲座法是思想政治教育工作者就某个专门的思想政治问题进行系统的讲述，从而使学生对这个问题产生系统的思想认识。专题讲座法可以系统地阐述某个政治道德问题，如科学发展观专题报告、抗震救灾英模事迹报告、学生文化素质专题讲座等。专题讲座的专题，大多是选择学生关心的思想政治热点问题。通过听专题报告或讲座，学生能获得对某个问题系统的、正确的认识。专题讲座法是思想政治教育中经常运用的一种形式，一般分两个阶段，先由讲座人就专题进行系统讲授，然后留适当的时间与学生进行双向的思想交流，当场回答学生提出的问题。

在电子媒介中，网络是最具现代特色的传播方式。网络信息量大、及时，视野最开阔，并且能够做到声、光、图、文并行，既能对人进行外部引导，又能促进人的内部引导。实际上，由于网络具有独特的广泛性和虚拟性，因此人们可以在网上进行更自由的交流。网络为社会舆论提供了一个新的平台，对于整个社会的走向和发展起着很重要的作用。因而，开展网络思想政治教育是十分必要的，有效利用网络广泛开展宣传教育十分必要。

4. 个别谈心法

个别谈心法也叫谈话法，是教育工作者采用交谈的方式，引导教育对象运用事实、经验和政治理论、道德原则，分析和解决思想问题与现实问题的方法。在个别交谈中进行教育的方法，不仅能沟通思想、交流感情、增强信赖，解除教育对象的思想顾虑，搞清楚教育对象的思想脉搏，而且易于集中教育对象的注意力，启发教育对象开展积极主动的思维活动和思想斗争，提升教育针对性，增强教育效果。

实施个别谈心法需要注意三个方面：①谈话要富有感情，善于同教育对象交朋友；②根据外界环境的状况和教育对象思想实际选择合适的谈心时机；③注意掌握谈心的程序，导入、转接、正题和结束，在不同阶段处理好相应任务，从而使谈心顺利有效地进行；④对于谈心中了解到的情况，如果是对方要求"保密"而又必须在一定组织范围内加以解决的问题，应严格遵守组织纪律，不得任意扩大传播范围。

5. 立体教育法

立体教育就是把思想政治教育工作看成一个纵横交错、立体交叉、多方位、网络型的系统工程。思想政治教育工作靠政教部门、教师和班主任去做，这是平面结构的做法。目前，要使思想政治教育工作分层次、成网络地形成立体结构，就要做到以下四个方面：

（1）在校内，党支部和学校的领导、教务处、团支部、班主任、科任教师及学校一切工作人员，都要做学生的思想工作。在工作中要注意要求一致，而且要互相协作。

（2）在校外，学校、家庭和社会的思想政治教育目标一致，才能将各方面的力量汇成巨大的教育力量。其中，学校应起主导作用。班主任应主动与学生家庭和社会加强联系，多做宣传工作，使各方进行的思想政治教育协调起来，相互配合，使学生受到多方面的良好熏陶。

（3）在各类组织内，要充分发挥共青团组织、学生会、少先队的作用。应该放手让学生自己管理自己，使学生在管理中增长才干，提升思想道德素质。各级学生干部最好轮流担任，使每个人都有锻炼、提高的机会。学生的兴趣、特点和需求较为一致，并且彼此之间比较了解，因而思想工作也更易于开展。

（4）注意社会环境对学生的影响。社会信息可能会大量涌入学生头脑，但学生的辨别能力并没有同步增长。对于社会上的某些消极因素，教育工作者需要积极引导、适当教育，加强与学生的沟通。

6. 陶冶情操法

随着年龄的增长和知识的累积，学生会希望开展既有思想性又有艺术性的文学、音乐、舞蹈、戏剧表演和绘画等活动，以拓宽视野、增长知识、活跃课余生活、陶冶情操。

美的环境是学生身心健康成长的重要条件。教师要引导学生创造舒适、美好的生活和学习环境。例如，绿化、美化校园，使学校保持整洁；教室桌椅排列整齐，门窗明亮，能促进学生健康成长。

学校应根据本校的特点建设有特色的校园文化，使学校成为文明的乐园。例如，在走廊内陈列学生的绘画和艺术作品，举办周末文艺晚会、艺术节、体育节等活动，使校园内充满歌声、笑声。

班风、校风是集体成员精神面貌的反映，既是集体培育的结果，又是影响集体的教育因素。优良的校风、班风是学生逐渐养成良好道德情操的必然条件。

美好的环境（包括自然环境和社会环境）不仅能使学生感到舒适、愉快，而且能对学生的思想情操产生良好的影响。

（二）实践教育法

人存在和发展的本质就在于实践，即认识世界和改造世界。所以，思想品德教育中的实践教育法的基本特点，从根本上体现了人存在和发展的本质。具体来说，实践教育法主要有以下两个基本特点：

第一，改造客观世界与改造主观世界有机结合。实践教育法使受教育者把改造客观世界与改造主观世界有机结合起来。社会实践使受教育者以直接的形式参与社会的各类实践活动。一方面，社会实践可以推动社会的进步与发展；另一方面，受教育者在实践中可以得到锻炼，并形成社会发展所需要的思想观念、政治观点和道德规范。

第二，普遍性与能动性有机结合。实践教育法把普遍性与能动性有机结合起来。一方面，在现实生活中，实践活动是最基本的活动，是人类生存和发展的前途，人作为实践的主体，在这之中必然得到锻炼，这体现了实践教育法的普遍性；另一方面，在实践活动中，人具有能动性，这种能动性在意识的指导下能够指导人们主动参与思想政治教育，提高认识的积极性和自觉性。

实践教育法的实质是人的个性思想品质社会化的过程。随着社会的发展，实践教育也在不断拓展其社会领域，不断扩展其实施范围，不断丰富其具体实施方式。当前，实践教育法主要包括以下两种：

1. 社会考察法

社会考察法，是思想政治教育常用的一种教育方法。与理论教育法不同，社会考察法主要通过分析社会问题、社会现象来帮助受教育者提高自己的思想认识。社会考察法要求受教育者对将要分析的社会现象有一定的认识，在分析的过程中提出自己的看法与疑问,从而更加深刻地理解所分析的社会事件,提高分辨能力。社会考察的范围非常广泛,可以通过各种形式来实现,如参加爱国主义教育和长征精神教育展览、参观革命圣地和名胜古迹等。让受教育者参加实践考察的目的是让他们通过自己的观察与分析得到最直观的认识,提高他们分析问题和解决问题的能力。

在现代思想政治教育中,在对教育工作者进行理论基础教育的同时,也要重视思想政治教育实践教育的作用。只有将两者进行有机结合,双管齐下,才能更高效地提高受教育者的思想政治素质。在思想政治教育中实施社会考察法主要有以下几个步骤:

(1)进行深入的社会观察。要了解实际情况,就应当首先了解某一社会现象或问题的存在方式和状况,这要求受教育者一定要自己动手、动脑去接触社会,认识社会,虚心请教,以获得客观而丰富的第一手资料。这类考察方式一般适用于对国内国际的重大事件或社会重大问题的分析研究。

(2)参与社会体察。在社会观察中,受教育者是客观第三方;在参与社会体察中,受教育者是完全参与到考察对象的活动之中,作为考察对象中的一部分去亲身体验的。亲身体验得来的经验材料较之观察得来的经验材料更深刻,也更富有感情色彩。这类考察方式一般适用于对某个阶层的工作、生活状况的考察。

(3)联系社会调查。可以通过设计调查问卷,调查问题,确定调查对象,安排专门的时间进行问卷填写或采访的方式,获得第一手资料。这是目前最常采用的调查方式,适用于考察某个社会群体对某类问题(如社会热点问题)的看法或观点等。

2. 服务体验法

服务体验法也叫社会服务法,就是通过让受教育者运用自身具备的知识和技能等素质,尽全力为社会提供服务,以帮助人们解决在实际生活、工作和学习中遇到的问题,在向社会奉献自身力量的同时获得社会对自身道德、责任的教育。服务体验法的具体方式是多种多样的。站在不同的角度会有不同的划分类型:按服务的方式划分,有着眼于讲文明树新风开展的志愿服务活动,有着眼于扶危济困开展的志愿服务活动,有着眼于大型社会活动顺利进行开展的志愿服务活动等;按服务的内容划分,有生产服务、生活服务、信息服务等;按服务的主体划分,有党员志愿者、红十字志愿者、青年志愿者、社区志愿者等。

（三）激励教育法

激励教育法是以人的需要作为客观依据的。需要，是指人们在社会生活中必要的事、物在头脑中的反映，以及由此而产生的欲望和要求，通常以愿望、意向、兴趣、物质等形式表现出来，是人的思想和行为的基本动力。激励教育法即通过着眼于人的"内在短缺"和"外在目标"来研究对人的激励。由此可见，"需要"不仅对人的驱动力很大，而且是人的一种客观的心理反应。

1. 实施激励教育法的形式

在思想政治教育中，由于人们的需要不同，以及"内在短缺"和"外在目标"的矛盾，因此实施激励教育法的形式也是多种多样的。

（1）情感激励。情感激励就是通过多种形式、多种渠道，触及受教育者的内心世界，培养健康情感，提高理性认识。在现实生活中，感情对人的认识活动有极大的影响，可以为做好思想政治教育创造重要条件。要充分利用感情的力量，寓理于情，让思想政治教育潜移默化地渗透到人们的心中。

（2）物质激励。物质激励就是对于对国家和社会有重大贡献的人，给予包括颁发奖金和奖品在内的实物奖励。在现实生活中，物质激励有着深厚的社会基础。因此，实行必要的、恰当的物质激励，是调节人们行为、调动人们积极性最重要的手段之一。在思想政治教育中应用物质激励的方式，不仅是必要的，而且是可行的。

（3）表扬激励。表扬激励就是充分肯定受教育者正确的思想和行为，鼓励其发展和巩固优良品行的方法。表扬激励符合思想政治教育的目标。同时，它直接满足了人的精神需求，因而也符合人们的心理特点。思想政治教育工作者在实施表扬的时候，也要进行广泛的社会宣传，以在更大的范围内激发人们的热情，增强人们的责任感。

（4）目标激励。人的需要只有指向某个特定目标时，才能变成行为的动机；而人的需要一旦转化为动机，就会形成一种促使自己奋发的内在力量。目标是影响人的行为的重要因素，因此，目标激励是思想政治激励教育法的形式之一。但是在思想政治教育过程中，引导人们设定目标时，要注意以下两个方面的问题：

第一，合理性。目标要有一定的难度，但经过努力又是可以实现的；把个人目标与社会和国家的目标有机结合起来，个人目标既要能够实现，又不能损害社会和国家的目标。

第二，期望性。根据行为科学的期望理论①，人的需要是有目标的，但当目标还没有实现的时候，这种需要还只是一种期望，而期望本身就是调动人的积极性的力量。期望理论认为，期望值和目标效价越大，激励力量也就越大。由此可见，目标既不能过高，也不能过低，否则就会失去激励的作用。

（5）兴趣激励。兴趣是一种推动人们求知的力量。人们对自己感兴趣的事物，总是力求认识它、研究它。在思想政治教育中，只要激发起受教育者的兴趣，就能收到事半功倍的效果。

就激励方式而言，还可以举出很多种，但上述激励方式比较常用，并且它们是互相联系、互相渗透的。思想政治教育工作者在实施激励教育的过程中，总体上既要有利益的关怀、情感的熏陶，又要有思想的共鸣、道德的感化；同时，还要因事制宜、因人制宜、因时制宜、因地制宜，采用适当的激励方式，从而真正做到有效激励。

2. 实施激励教育法的保障

（1）把握激励的时机。"时机"是时间和机会的有机组合，在人们的各项活动中起着关键作用。同样，思想政治教育中激励时间与机会的把握，对教育的效果起着重要的作用。例如，客观环境、学生的求助心理及某种满足感等方面的具体情况，都是教师在思想政治教育激励过程中需要把握的。

（2）注重激励的感染性。思想政治教育激励方式的感染性，包括两个方面：①在思想政治教育中，要利用感情的力量，寓理于情，使学生在不知不觉中接受教育；②在思想政治教育中，通过对个人或群体的激励，使更多的人受到感染。在实际工作中，要把这两个方面有机结合起来，从而在整个社会中逐步使人们自然地、潜移默化地接受正确的思想观念和行为规范。

（3）注重激励的渗透性。激励的渗透性是指在思想政治教育中尽量扩大激励效果的范围。思想政治教育的激励教育，往往根据不同情况采取不同的方式。但是在采取这种方式的时候，不仅要考虑它的直观效果，还要把它的效果渗透到学生的学习、生活及日常行为中，更要注重它的长期内化效果。

---

① 期望理论又被称为"效价—手段—期望理论"，是管理心理学与行为科学的一种理论。这个理论可以用公式表示为激励力量＝期望值×目标效价，是由维克托·弗鲁姆（Victor H. Vroom）于1964年在《工作与激励》中提出来的激励理论。

二、学生思想政治教育方法的创新类型

在对学生进行思想政治教育的过程中，除了一些基本的方法，还可以采用和借鉴一些特殊的思想政治教育方法。

（一）冲突缓解法

人在社会中生存，不可能不发生冲突，如个体与环境的冲突，个体之间的分歧和误解。尤其是大学生是一个激情飞扬的群体，其性格中也不同程度地存在急躁、冲动的因素，容易被环境影响，情绪容易激动，与人相处时不可避免地会出现矛盾。同时，由于社会现象纷繁复杂，青年人关注热情高但辨析能力较弱，容易激动；学习压力较大，就业前景不乐观，容易导致学生在心理上存在不平衡等问题。在思想教育中，冲突缓解法是迅速缓解矛盾，防止矛盾升级、局面恶化的重要方法，是稳定学校团结和谐的教育局面、保证学校正常良好教育秩序的必要条件。

（二）比较教育法

比较教育法，是教育工作者通过对两种或多种不同事物的异同和特点进行比较、分析，帮助学生做出正确的判断和结论，从而提高学生思想认识水平的教育方法。

1．比较教育法的思路

（1）纵向比较。纵向比较是从时间上把事物的过去和现在加以比较，通过帮助学生了解事物的变化和发展，加深学生对事物的了解和认识，从而帮助学生得出正确的结论。

（2）横向比较。横向比较是在空间上把有一定联系的不同事物加以比较，帮助学生了解其异同，加深学生对不同事物本质的理解。

2．比较教育法的原则

（1）坚持可比性原则。缺乏可比性的比较，其结论是站不住脚的。只有在同一条件、同一标准、同一比较分析单位下，才能把具有可比性的事物进行比较，才能区分真假、优劣、善恶、美丑，得出正确结论，发挥教育作用。

（2）坚持本质比较。比较，不仅要从现象上进行比较，而且要深入事物的内部进行本质比较。只有坚持本质比较，才可以区分事物之间的本质区别，获得事物的真理性认识。

（3）坚持多项指标比较。多项指标比较，是指将两项或两项以上、互相区别且不能互相代替的指标进行比较。多项指标比较具有两个特点：①克服了片面性，具有全面性；②能综合反映比较对象的整体概貌，具有综合性和整体性。多项指标比较能使学生获得对考察对象的整体性的认识。运用多项指标比较，要注意指标的选择，也就是说所选定的各项指标既要互相独立，又要全面客观地反映事物，即具有客观性和科学性。

（4）借助多样化的比较形式。比较的形式应多种多样，不仅要借助说理，而且要采用数据、图表、图画、照片、视频、音频等各种直观的方式，增强比较的效果。

（三）典型教育法

典型教育法是指在思想政治教育中运用具有代表性的人物或事件对教育对象进行引导和教育的方法。从哲学的角度来说，典型是在一定时期或一定范围内具有相当程度影响的人物和事件，有能代表一类或一般事物的典型特征、本质、发展趋势或发展规律的个人或个案；典型示范教育就是通过典型教育使受教育者吸收先进典型的有益成分，并对照自己的不足，吸取经验和教训，消除自己的不良思想和行为，提高自己的思想政治素质。典型教育法主要包括以下两种类型：

1. 正面典型教育法

正面典型是社会生活中经常可以看到的典型，是能够体现或代表先进，具有示范和榜样作用的典型，又称先进典型、进步典型。在运用正面典型教育法时，应注意以下要点：

（1）善于发现和推广具有时代感与代表性的典型。先进典型常常产生于人们日常的工作、学习和生活之中，需要善于发现和识别。典型的选择要具有广泛的群众基础：既要树立全国性的榜样，又要树立不同类型、不同层次、不同行业的榜样，更要善于发现和树立本地区、本行业、本单位的典型。

（2）注意对典型的培养和教育，以关心爱护的态度对待典型。

（3）注意典型的真实性和局限性，对典型事迹的宣传要实事求是。对典型的推广要实事求是，注意分寸、留有余地，不能言过其实、任意拔高。

2. 反面典型教育法

反面典型就是落后的或反动的典型，利用反面教员和反面教材开展思想政治教育，就是通过揭露或批评其错误或反动的观点，给人以教训，使人引以为戒，并认清其反动实质，与此同时，要大力宣传正确和进步的观点。利用反面典型开展思想政治教育的目的是增强学生辨别和选择的能力。

在运用反面典型教育法时，应注意以下几点：①勇于面对反面教材和教员，并加以判断和识别；②根据学生的思想水平，选取适当的内容；③主动引导学生从根源和危害性上分析反面典型，进而帮助学生自觉抵制反面典型，接受正面典型。

三、学生思想政治教育方法的选择运用

（一）选择思想政治教育方法的依据

在开展思想政治教育过程中，选择合适的思想政治教育方法尤其重要，是有效实现教育目标的思路。在对教育对象进行认真分析和探索的基础上，选择合适的教育方法，可以较好地实现思想政治教育的效果，从而有效提升思想政治教育的针对性。

第一，依据思想政治教育的教育目标与任务。完成目标与任务需要妥当运用方法，方法是完成任务的工具和手段，受到目标与任务的制约。在对学生进行思想政治教育的过程中，教育目标与任务需要依靠一定的教育方法来实现，教育方法是为教育目标与任务服务的。只有根据思想政治教育的目标与任务来选择教育方法，才能够保证教育目标与任务的实现。思想政治教育的目标与任务是在实施思想政治教育过程中所期望达到的结果，是具有整体性的体系，具有多样性、层次性和系统性的特点。目标与任务是思想政治教育内容体系确立的出发点和归宿，而方法是完成思想政治教育目标的手段，是依据思想政治教育目标的要求加以选择和设计的。如果离开了目标和任务，思想政治教育方法的选择也就没有了生命力。

第二，依据教育中的实际问题。实效性是学生选择思想政治教育方法所参考的依据。只有思想政治教育方法选择合理、运用正确，并具有较强的针对性，才能够避免思想政治教育主体和客体在实践活动中的盲目性，使其都能自觉地根据要求来完善自己的实际行动。学生面临的实际问题往往决定了如何具体实施思想政治教育。如果教师能够深刻分析引发学生实际问题的原因，针对问题的性质、程度和影响因素进行具体分析，选择合理的教育方法，那么解决学生的实际问题，提高学生的思想认识就会变得相对容易。

第三，依据学生的具体特点。为了实现思想政治教育目标，要紧密结合教育对象的具体情况和不同特点，有针对性地选择教育方法。选择合适的教育方法，

会直接影响思想政治教育活动的实施效果。如果思想政治教育方法在选择和设计过程中能充分考虑学生的现实特点，满足其实际需求，那么在教育实施过程中就容易被接受，容易产生效果。思想政治教育对象有个体和群体之分，不同年级、不同层次的学生群体所适应的思想政治教育方法不同，同一个学生群体中不同成长经历、不同家庭环境、不同个性特点的个体适应的教育方法也存在差异。在对学生进行思想政治教育的过程中，还要考虑学生在思想观念和道德水平方面的不同。

（二）运用思想政治教育方法的要求

1. 针对性

在开展思想政治教育过程中，不同的教育方法应用到同一个教育对象所产生的效果是不一样的，不同的教育内容、教育目标、教育对象所需要采取的教育方法也是不一致的。在实施思想政治教育方法的过程中，要从实际出发，针对不同的教育目标、教育内容、教育对象选择有针对性的教育方法，做到有的放矢。针对性要求思想政治教育工作者在教育活动中充分把握教育目标和教育内容，掌握不同教育对象的特点，理解不同教育方法的使用范围和具体特点，保证教育方法切实符合要求，进而保证教育效果的实现。针对性的实质是教育方法的实施要遵循思想政治教育的客观规律，要坚持实事求是的原则。

2. 创新性

改革开放是一场深刻的社会变革。变革不仅会使社会环境发生变化，还会随之改变人们的思想观念和思维方式。随着校园环境的不断改善，网络文化的普及，学生的思想观念出现了新的问题。思想政治教育面临的环境发生了深刻的变化，学生本身的思想状况也呈现出新的特点，在此基础上，思想政治教育方法也需要根据实际情况进行相应的改进与创新。思想政治教育方法的创新性，要求思想政治教育工作者在开展教育活动时，紧密联系学生的实际情况，依靠先进技术，探索新的解决思路和解决途径。思想政治教育方法在创新的同时，既要传承中华优秀传统文化，在传承中创新，也要善于借鉴国外先进的教育方法，开拓创新思路。同时，创新方法要充分依靠先进技术，适应信息时代的新要求。

3. 综合性

当前社会，学生的思想状况复杂多变，影响学生思想波动的因素也比较多，思想政治教育面临的情况错综复杂。只有综合运用多种教育方法，解决学生面临的思想问题，才能保证教育目标的实现。综合性就是指思想政治教育工作者在进行思想政治教育的过程中，要综合分析学生面临的实际问题，结合学生的具体特点综合分析学生存在思想问题的原因，充分掌握教育环境的特点，选择多种教育方法，并形成最佳组合，发挥多种教育方法的整体作用。综合应用思想政治教育方法，就是不同的教育方法在思想政治教育过程中发挥各自的作用，协调一致，最终产生综合效果。由于不同的教育方法具有不同的特点，并且学生面临的具体问题也不尽相同，因此思想政治教育工作者要根据具体的任务、对象和条件来选择合适的方法。

4. 实效性

实效性是指思想政治教育方法在实践中的可操作性。长期的思想政治教育证明，只有在实践中可行的教育方法，才能产生良好的效果。坚持思想政治教育方法的实效性，要求思想政治教育工作者在实施教育的过程中，根据实际情况，既要运用已经被实践证明是正确的方法，也要勇于探索，创新教育方法。

第二节　学生思想政治教育中的人文关怀与科学管理

中外合作办学项目中培养出的人才是未来国家建设者和国际交流中的重要人才，应肩负中国文化的宣传和传承。思想政治教育"以人为本"的人文关怀，是人本论在思想政治教育实践中创造性应用的产物。它强调教育工作者与受教育者的平等性、亲近性、贴近性和柔和性，以及尊重大学生独立的人格和自由的精神，着眼于学生的全面发展，凸显学生的主体地位，从人文关怀、科学管理两方面入手，在潜移默化中达到较好的教育效果。

一、学生思想政治教育的人文关怀

在高校中外合作办学项目中，人文关怀是思想政治教育的核心，体现在以人为本，以及关注学生的发展和需求上。我们必须承认学生是具有独立人格、完整性、能动性和创造性的个体。将思想政治教育视为一种关怀学生、为学生服务的工作，不仅要坚持教育、引导、鼓舞和鞭策学生，更要做到尊重、理解、关心和帮助学生。教师需要关注学生的内心感受，倾听他们的呼声，了解他们的情绪，关心他们的困境，关注细节和他们的需求。通过把握学生的思想变化、心理波动、学业困难和生活状况等，可以将思想政治教育做到细致和深入，弘扬学生的主体性，促进他们全面发展。这种人文关怀的方式能更好地引导学生，使他们在学术、情感和社会生活等方面得到全面成长，并为其未来的发展奠定坚实的基础。

（一）满足学生的成长需求

在科学发展观的指导下，中国学生工作正在经历转型，强调以学生为本，更加注重学生多样化的需求。这意味着学生工作不再只是关注管理，而是更加关注服务。从重管理转型到重服务，从规范学生转型到为了学生，这是学生工作发展的新方向。在辅导员经常需要处理大量烦琐的日常工作的情况下，学校必须意识到忽略人的情感因素等问题。只有以学生为中心，从根本上提高辅导员工作的实效性，才能更好地满足学生的需求，推动学生全面发展。

在高校日常工作量大、学生基数大的情况下，思想政治教育工作必须更加关注学生的需求。辅导员应该尊重、正视和研究学生的需求，不仅要理解学生个体的不同需求，还要考虑学生群体的差异。只有这样，才能从根本上提高工作的实效性。因此，学校需要建立更加灵活、智能的思想政治教育体系，以满足不断变化的学生需求，解决面临的新问题。

在进行思想政治工作时，必须从学生的实际需求出发，倾听学生的呼声，关注细节、关注需求。特别要善于挖掘那些不主动表达的学生群体的需求，这需要教师具备敏锐的洞察力和智慧。只有这样，学校才能不断创新，解决学生面临的挑战，促进其全面发展。

（二）尊重学生的独立人格

在高校中外合作办学项目中，思想政治教育工作被视为做人的思想工作的工作，需要感性和理性并用，如以真挚的情感启迪人，让情理交融，循循善诱，坚持以人为本。关注"现实的人"是人文关怀思想的出发点。我们必须充分认识到学生是完整的生命体，理解其是有思想、有情感的活生生的个体。只有立足于人，从现实的人出发，关注人的现实需求，并最终回归于人的发展，才能真正提升思想政治教育的实效性。尊重学生意味着避免居高临下，以平等的姿态与他们交流，避免用刺激性的词汇来管教他们。教师也应避免对学生进行分级分层，摒弃标签化管理，而是要善于发现每个学生的闪光点，客观公正地看待每个学生。保护学生尊严意味着特别关注面临家庭经济困难、学习挑战等特殊问题的学生，尊重他们的隐私，帮助他们克服困难，持续完善自我。这样的做法不仅能促进学生的全面发展，还能加强思想政治教育的实效性，是人文关怀的体现。

（三）凸显学生的主体性

在高校中外合作办学项目中，"教育主体论"已经成为思想政治教育工作者的共识，强调必须尊重学生的主体地位，激发他们的主体意识。这意味着教师应该相信学生是积极的、有能动性和创造性的个体，具有潜在发展和现实生成的特质。通过凸显学生的主体地位，学生可以积极参与学校的育人、管理和服务等，并主动加入思想政治教育的各个环节，发挥主体作用，从而推动教育更积极有效地进行。

在学生的教育过程中，他们有权参与学校管理的全过程，并做出对自己有利的选择。我们需要充分利用学生朋辈的教育资源，依托学生群体内部的资源实现自我感知和引领。同时，学生社团、学生组织也应充分发挥作用。这些组织能够凝聚学生、动员学生，具有群众性和生动性的优势，在学生的学习生活中发挥着越来越显著的作用，能丰富思想政治教育的载体，贴近学生的需求，提升思想政治教育的影响力。

因此，需要进一步加强学生社团与学生组织的建设。通过规范管理、搭建平台、提供资源与指导等方式，扬长避短，可以发挥其在促进学生"三自教育"（自我管理、自我教育、自我服务）中的积极作用。这样的举措有助于提升思想政治教育的质量和水平，培养更加积极主动、具有创造性的学生，为他们的未来发展打下坚实的基础。

二、学生思想政治教育的科学管理

（一）柔性管理

柔性管理的基本含义是，在研究人们心理和行为规律的基础上，采用非强制方式，在人们心目中产生一种潜在的说服力，从而把组织意志变为人们的自觉行动的一种管理形式。柔性管理最大的特点在于，它不是依靠外力（如上级的发号施令），而是依靠权力平等、民主管理激发每个成员的内在潜力、主动性和创造精神，使他们能真正心情舒畅、不遗余力地为团队目标努力。柔性管理有以下几个特征：内在重于外在，心理重于物理，身教重于言教，肯定重于否定，激励重于控制，务实重于务虚。

将柔性管理运用于思想政治教育领域，主要是要改变以往管理模式单一和刚性的特点，讲求管理模式的多元化，展现人本性、情感性、间接性等特点，坚持个性重于共性、肯定重于否定、身教重于言教等基本原则，采用教育、引导、支持、激励等工作方式，不断提高学生的接受度。它是在思考现状—刚性管理存在弊端的基础上，结合现阶段思想政治教育所处的时代背景提出的，旨在进一步体现思想政治教育的"人文关怀"理念，引导一种更完美的教育境界。这也是贯彻落实科学发展观，提高思想政治教育科学性、增强思想政治教育实效性的重要内容。

1. 以目标确定为学习动力

新时代的大学生呈现出多样化的特点，使得思想政治教育的核心作用更加凸显：促进学习，激发灵感，洞察未来。在高校中外合作办学项目中，思想政治教育的目标是激励、综合和协调学生以个人或团队形式努力，以更高角度的视野认识自身发展。在教育过程中，应该多激励、少打击，多肯定、少否定，通过正向的积极鼓励增强学生自我学习的动力。同时，要善于发现学生的特长和优点，尊重他们的个性，理解他们的差异，鼓励他们进行多元化发展，而不是将一种发展模式强加于所有学生身上。

可以通过确定这样的目标，激发学生接受思想政治教育的动力。将学生的创新能力整合到学生工作的统一战略目标中，从而使学生的发展和思想政治教育的优化形成有机统一。在高校中外合作办学项目中，这种有机统一可以促进大学生思想政治教育的良性循环，使教育工作更有针对性。

因此，高校中外合作办学项目应积极倡导并实践这样的教育理念，将思想政治教育与学生的发展目标紧密结合起来。通过促进学生的学习兴趣和个人发展，引导他们不断创新和进步，实现思想政治教育工作的最终目标：培养具有高思想境界、宽人文情怀的新时代大学生。

2. 以学生需求为价值导向

传统的思想政治教育理念强调"供给创造需求"，即只要提供服务，就会有学生参与，教育就会有效果。然而，在当今时期，高校中外合作办学项目需要进行"供给侧结构性改革"，不仅要提供服务，更要主动丰富学生的价值观，为他们提供更优质的成长成才服务。这意味着要使学生在接受教育的过程中获得更多超值服务。

柔性管理将学生的需求与偏好置于首位，将工作内容与学生的需求和偏好相结合。其核心在于将学生的需求转化为工作内容，让工作成效自然而然地体现出来。同时，柔性管理也要求辅导员引导学生进行价值观和文化选择，使学生对服务的需求从被动变为自觉。因此，柔性管理的关键在于如何创造提升学生价值观的方案，解决学生关注的问题，并将学生的愿望或需求转化为明确的工作内容。

柔性管理强调个性重于共性，要充分满足学生多样化和个性化的需求。这意味着将每个学生视为一个独立的工作对象，根据其特定需求进行工作方式和内容的调整。这种以学生个体需求和偏好为导向的工作方式对辅导员队伍的能力提出了挑战，要求他们具备更强的适应能力和个性化服务能力，以实现真正的以人为本。

（二）隐性教育

隐性教育，指教育工作者为了实现其教育目的而实施的不为受教育者明确感知的，使受教育者能在不知不觉中受到教育的一种思想政治教育类型。隐性教育强调通过合理的设计与恰当的载体来增强教育目标和内容的隐蔽性、增加教育过程的愉悦性、增大教育途径的开放性、延长教育节奏的渐进性、发挥教育接受的自主性，以生动活泼、喜闻乐见的形式，寓教育目的于学生日常的学习生活及活动过程，实行隐性教育和显性教育有机结合，以"潜移默化""润物细无声"的方式对学生的思想、观念、价值、道德、态度、情感等产生影响，使他们在不知不觉中受到熏陶。长期以来，我们更多强调显性教育，强化显性课程，隐性教育的作用和潜能还未得到很好的重视与发挥。

从思想政治教育方法来看，隐性教育是相对于显性教育而存在的，其特征表现在以下几个方面：①教育境界上追求的是"潜移默化"和"润物细无声"；②教育目的具有潜隐性；③教育功能具有浸润性；④教育内容具有渗透性。隐性思想政治教育的目的和内容并不像显性教育那样直接与外显，并非思想政治教育第一课堂上以授课的形式给学生灌输道理，也并非由思想政治教师直接向学生传授教育内容，而是将教育的目的和意向隐藏到学生的学习、生活与各种活动之中，隐藏到学生生活和学习的环境中，以含而不露的方式，引导学生自然融入学校创设的教育情境中，使其在不知不觉中接受熏陶和影响。隐性思想政治教育是一种潜隐的、间接的、渗透式的教育。

1. 隐性德育课程

隐性德育课程是指隐藏着思想政治教育目的，以潜移默化的方式发挥思想政治教育功能的课堂，可以涵盖自然科学课程、人文社会科学课程及专业课程，也就是今天大力提倡的"课程思想政治"。自然科学中渗透着科学道德和锲而不舍、坚忍不拔的探索精神，人文社会科学中贯穿着民族精神、爱国主义等思想，这些隐蔽的、无意识的、非正式的教育因素，对于培养学生良好的思想品德和健康的心理素质都有难以估量的作用。专业课教师对学生的影响非常大，其因专业学术上的造诣常常受到学生的崇拜，进而延伸到崇敬专业课教师个人。因此，专业课教师应该利用自身的优势，在专业课程上不失时机地渗透正确的社会价值观念、专业道德等，或者通过个人人格的魅力感染学生，引领学生对专业知识进行探索、对科学精神进行追求。

2. 校园文化环境

校园文化环境作为学生隐性思想政治教育的主要空间和载体，包含校园物质环境和校园精神文化环境两个方面。校园物质环境不只是由建筑、道路、植物等组成的场所，更是学校悠久历史与文化传统的载体。学校的建筑、景观、命名等都蕴含着丰富的故事和历史内涵，这些都在以无声的方式影响着学生的思想。学生在校园里的生活和学习，都会受到校园环境的影响，从而形成对学校文化的认同和理解。这种环境所体现的精神也会转化为学生个体的精神，起到以境化人的隐性教育作用。

校园精神文化环境是指大学的精神、文化传承与创新，会影响学生的思想观念、价值追求和行为方式。学校的精神包含学术精神、人文精神、科研精神等，这些精神不仅引领着校园文化的主流，还能激发学生的理性思考，提升其思想境界和人格品质。学校通过建立校史校情的课程体系及各种形式的教育活动，可以让学生了解学校的过去和未来，从而在无形中影响学生的认知，给予他们深刻的启示。

校园文化环境所具有的教育力量，能够绕开意识的障碍，使学生在不知不觉中接受影响。尽管学生可能并不总是能够完整地捕捉到这种影响，但它却无时无刻不在，无处不在。学生置身于这样的文化氛围中，就会受到一种无形的精神感染和吸引，这样能起到渗透式和积累式的教育作用。这种校园文化环境的营造对于高校中外合作办学项目而言，是塑造积极向上、融洽和谐的学术氛围，培育具有国际视野和创新精神的优秀学子的重要途径。

3. 渗透教育方式

学校为培养学生全面发展，会为学生构建丰富的第二课堂活动，搭建多样化的育人平台。在寓教于乐的过程中，学生的自主性得以发挥，潜隐在活动中的思想政治教育因素会发挥作用，并以极其自然的方式积淀到学生身上。

校园文化活动通过对活动的合理设计，运用多种喜闻乐见的方式，让学生积极主动地参与活动，享受活动。在愉悦的氛围中，与思想政治教育相关的因素，如人生哲学、伦理规范和理想道德等，会以一种渗透的方式浸润学生，使学生在温馨愉悦的氛围中成长。

社会实践在 21 世纪的学生培养中发挥着非常重要的作用。不同于大学专业知识及技能等方面的培养，社会实践对学生综合素质的提高存在着潜移默化的影响，其作用不可替代。如果将学生个体置于整个国家与民族的背景之下，置于历史与时代的维度之中，社会实践就对学生在更大范畴上具有意义，在更广义的高等教育中扮演着重要角色。大学生作为即将进入社会并在未来发挥重要作用的群体，通过社会实践活动，能将个体与社会更紧密地联系起来。

通过参与丰富多样的社会实践，大学生得以充分发展他们解决实际问题的能力，同时其对理想和价值观的认识也不再抽象与片面。在知行结合中，学生原本相对稚嫩与单一的世界观会不断成熟和完整，优秀的品格和个性也会在与外界的互动中形成良性的正反馈。

第三节 学生思想政治教育的精细化与个性化发展

一、学生思想政治教育的精细化发展

思想政治教育是大学生教育的重点内容，良好的思想政治教育可以帮助大学生形成正确的人生观和价值观，提高大学生的综合素质。精细化管理就是落实管理责任，将管理责任具体化、明确化，要求每个管理者都要到位、尽职。精细化包含两个方面：精，指精确、精准、精致；细，指细分、细化、具体。精细化是一种专业提升、精益求精、追求卓越的理念和态度。在高等教育内涵建设时代，在大力推进思想政治教育质量提升的今天，借鉴管理学的理论和方法，推动思想政治教育工作的精细化，也是题中应有之义。

（一）坚持以问题为导向

在专业化细分的基础上，要坚持以问题为导向，鼓励针对相关领域的实际问题加大调研分析力度，加强理论研讨与实践，并提出合理有效的解决办法。将学生纷繁复杂的问题进行合理的分类，深究其原因，掌握同类问题的规律性，形成一套解决同类问题的基本方法，总结提升并运用这些方法指导思想政治教育的开展。

1. 以学生需求为核心

"以问题为导向"强调的是一种"以学生需求为核心"的理念，实际上是对

"以人为本"思想的实践。思想政治教育工作者要善于发现学生的"问题",这个"问题"往往是学生的某方面因素导致的外在的表象,如学习成绩差、人际关系紧张、性格孤僻等,而出现这样的问题的原因往往就是学生的某些"需求"没能得到满足。思想政治教育工作者可以根据"需求层次理论",对学生的需求满足状况进行分析,查找原因,找出学生存在问题的根源,只有这样,才可能将工作做细;只有这样,才能找准学生问题的症结所在;只有这样,才能真正提高思想政治教育的针对性和有效性。这样的工作思路和路径,正是促使思想政治教育符合教育本身规律、实现科学化提升的基础条件。

2. 固化工作机制

在高校中外合作办学项目中,思想政治教育工作者需要注重理论与实践的结合。这意味着不仅要用理论指导实践,还应从实践中总结并提炼理论。通过对问题进行分类整理和深入研究,可以更好地分析存在问题的原因和涉及的特征,提出更有针对性的解决方法。然而,解决具体问题并非最终目的,而是应该总结同类问题的规律,并建立相应的工作机制,实现工作的科学化、程序化和规范化。

精细化思想政治教育工作意味着确立科学、程序化和规范化的工作机制。这种方法能使辅导员从一次次零散的"救火员"工作中解脱出来。采用完备的规章制度可以确保工作规范化和法治化地开展。这种规章制度不仅可以为思想政治教育工作提供导航,还可以为教育工作者提供清晰的指引和规范,以确保工作的高效性和质量。

在高校思想政治教育工作中,精细化也意味着不断提升工作的水平和效率。采用科学化的方法和规范化的程序可以更好地解决问题、管理资源,并有效应对各种挑战和变化。这种精细化的思想政治教育工作模式有助于提高教育质量,促进学生全面发展,推动高校中外合作办学项目的健康发展。

3. 研究共性问题

在高校中外合作办学项目中,坚持问题导向是非常重要的。这意味着要以学生问题为指引,深入分析问题产生的原因,并提出合理有效的解决方案。因为学生具有多元化特征,所以他们面临的问题既多样又复杂。然而,作为一个群体,学生问题也具有一定的共性特征,因此可以进行分类和整理。通过对学生群体和工作领域进行细分,可以更好地挖掘共性问题,如新生归属感、毕业生就业困难等,并在此基础上提出解决方案。

在细分问题的基础上,还需要考虑问题发生的时间特点,将问题划分为常规性问题和突发性问题。常规性问题可能是长期存在的、周期性出现的,需要长期跟踪和解决。突发性问题则是意外事件或紧急情况，需要及时应对和处理。通过对典型案例进行剖析，我们可以从实际出发，以社会生活焦点、思想观念疑点、大众舆论重点作为切入点，以问题为导向，探寻规律，从而将解决问题作为思想政治教育的核心逻辑起点和落脚点。

在高校中外合作办学项目中，坚持问题导向不仅有助于深入了解学生的需求和问题，还能有效提升思想政治教育工作的针对性和实效性。通过科学分析问题、切实解决问题，我们可以更好地服务于学生，促进学生全面发展，推动高校中外合作办学项目的持续健康发展。

4. 开展深度辅导

"深度辅导"是心理学上的用词。在思想政治教育中也可以借鉴心理学深度辅导的做法，以问题为导向的精细化理念，建立思想政治教育深度开展的工作模式。把这些技术化、个性化的人才培养规律转化为现实性的可操作的实践体系，必须有终结性的因素发挥支撑、保障作用。当前，一些高校探索出"辅导员工作室""学生工作坊"等工作模式，提倡从"单枪匹马"变为"团队合作"，旨在强化问题导向，以"兵团作战"的方式为工作对象提供全方位的辅导和支撑，把教育引导工作做细、做深，做到极致，从而更加准确地把握思想政治教育中面临的课题的症结，理清脉络、对症下药，追求优质化成果，并在实践经验的基础上不断推进理论研讨，逐渐形成一套较完善的操作规程和辅导理论，不断提升专业理论水平与实践能力，培养相关领域的专家。

（二）实施专业化细分

思想政治教育的专业化细分，是指对思想政治教育的工作目标、工作内容、工作对象、工作载体、工作方法等进行分类，根据不同情况，采取更有针对性的举措，从而使思想政治教育对目标、内容、对象、载体和方法等有更深入的了解，能更熟练、更专业、更有针对性地开展工作。宏观上高校思想政治教育的目标是"培养社会主义合格的建设者和可靠的接班人"；中观上是培养具有高校特色的"高素质人才"；而在微观上，就辅导员工作来说，则需要一项一项地推进，将宏观目标和中观目标进行分解。

1. 细分领域

随着高校规模的不断扩大，思想政治教育的任务也越来越繁重。思想政治教育内容日益丰富，涵盖了学生党建、奖惩助贷、心理健康、就业指导、团学建设、科技创新、志愿服务、社会实践等方面。这需要思想政治教育工作者在不同领域中开展工作，增加了工作的难度和挑战。

在精神空间中，辅导员需要密切关注学生的思想状态和心理健康状况。他们的工作包括促进学生树立社会主义核心价值观、培养健全的人格，以及及时帮助那些存在心理隐患或心理问题的学生。这需要辅导员具备一定的心理辅导能力，并与学校的心理健康服务中心等部门密切合作。

在网络空间中，辅导员需要引导学生正确使用互联网，养成良好的网络行为习惯，防止网瘾等问题的出现。还需要关注学生在网络上的行为和状态，了解网络舆情，做好网络管理和监督工作。同时，在校园的各类思想政治教育活动、科技创新教育活动和校园文化活动等方面，辅导员也需要发挥重要作用，引导学生积极参与并组织相关活动。为了更好地开展这些工作，辅导员队伍应当进一步加深专业化发展，各个成员可以根据自身的专业背景和兴趣，在特定领域内精耕细作，提升工作的质量和效率。

2. 细分对象

在高校中外合作办学项目中，服务学生的全面发展是极其重要的任务。然而，由于学生群体存在多样性，并且不同阶段的需求存在差异，因此需要针对不同的学生群体进行细分和分类指导。这包括本科生与研究生、新生与毕业生、高年级学生与低年级学生等。此外，还需要特别关注一些特殊学生群体，如经济困难群体、学习困难群体、心理弱势群体等，以确保他们得到适当的关注和支持。

在对待特殊学生群体时，必须注意保护他们的隐私。对于这些学生，我们的目标是提供适当的帮助和支持，而不是给予特殊的标签或评价。因此，在实践中，应以尊重和理解的态度对待每个学生，确保他们在校园中得到公平的对待和支持。

针对不同学生群体和不同特质的个体，应制订不同的工作目标和计划。对于学业优秀的学生，可以提供更广泛的学习机会；对于学业困难的学生，重点是帮助他们树立信心、掌握有效的学习方法。同时，对于不同年级的学生也要针对其特点和需求，制订不同的思想政治教育计划，以确保工作的针对性和有效性。

在进行工作领域的细分后，需要进一步做到"做精、做细、做实"。例如，在职业发展教育方面，可以根据学生的不同就业取向、就业能力和就业困难程度进行细分，开展有针对性的辅导和指导工作，以确保学生在毕业后顺利就业和成长。这种精细化的工作方式有助于提高思想政治教育工作的实效性，为学生的全面发展提供更好的支持和保障。

（三）实行多学科协同育人

协同指的是系统中各个部分协同工作，协同效应则指复杂系统内各个子系统的协同行为产生的超越自身单独作用而形成的整个系统的聚合作用。随着时代的发展，学生的需求越来越多样化和个性化，学生工作的内容越来越丰富，涉及的领域越来越广，思想政治工作日益发展为多维度、多类型、多层次的有机整体。在解决具体问题时需要践行协同育人，要加强多学科支持、多领域知识运用、多资源整合，注重新方法和新技术的运用，将多学科知识、方法、平台、资源予以整合优化。

1. 进行多资源整合

育人工作是一项系统工程。大学人才培养仅依靠单方力量无法实现，需要高校各方面的共同努力，以及家庭、社会各方的资源。当前很多高校都在积极采取措施，努力推动"全员育人"机制的构建，构筑包括高校党政管理干部、思想政治理论课教师、辅导员、班主任、专业课教师、朋辈等主体共同参与的全员育人格局。每个主体在学生的思想政治教育方面都有自身独特的优势，如第一课堂的专业课教师可以将德育的目的和主题隐含在专业教学中，由说教转变为渗透，实现润物无声；朋辈主体中高年级学生担任"小班主任"可以拉近辅导员与学生的距离等。应该围绕人才培养的核心，充分利用各个主体的优势，整合各个部门的资源。除了校内资源，校外资源（包括家庭、企业、毕业的校友及社会知名人士、学者等）也应该统筹到全员育人的框架中，让各方力量成为思想政治教育的主体，发挥其主观能动性，为学生搭建和谐的育人环境、校园环境、家庭环境、社区环境等，并发挥这些环境的积极作用，为教育工作所用。

2. 多学科支持

思想政治教育应该遵循科学性，结合教育学、心理学、社会学、管理学等相关学科的科学规律，来分析学生成长的规律、学生教育的规律及思想政治教育工作的规律。

随着时代的变迁和学生群体特征的变化，学生思想政治教育工作的复杂性和综合性不断增加。对于一个复杂问题，单纯依靠思想政治教育本身往往无法解决，要善于吸收和借鉴管理学、社会学、法学等领域的研究和工作方法，甚至可能需要社会上专业力量的介入，共同研究解决方案。

3. 组建跨学科团队

如果说"多学科支持"强调辅导员"一专多能"，那么跨学科应用就是强调

"团队作战"。借鉴管理学中的"项目管理"理论,在思想政治教育工作中,也可以以任务、项目为导向,组织工作团队,如近年来很多地方教育主管部门和高校正在努力探索实施的"辅导员工作室""辅导员小组""辅导员梯队"等,就是将不同学科背景、不同工作领域、不同工作经历、不同年龄段的辅导员组合在一起,实现优势互补,从而形成一个跨学科的工作团队。例如,在学生危机事件中,既需要心理辅导员,也需要危机公关专业人士,可能还需要法律顾问、网络监管人员等,如果能将具备这些专业能力的辅导员聚集到一起,团队的执行力必将大幅提升。

4. 新技术支撑

思想政治教育的精细化,必须强调科学技术和教育手段的支撑。在技术上,要善于利用新技术和信息手段,使思想政治教育工作者能够更加全面、深入地把握具体情况,了解学生思想动态,提高思想政治教育的科学性、针对性和时效性。重视信息手段和科学方法的运用,可以为思想政治教育提供新的思路和手段。顺应信息化趋势,依托信息科技和新技术,如移动终端、电脑及新媒体等,主动占领新媒体阵地,可以发挥新技术对思想政治教育的促进作用。例如,一些高校开发的新型移动智能终端平台,可以整合校园各活动组织方发布信息、管理活动,以便学生获取信息、管理生活和学习。慕课(MOOC)也是目前流行的网络课程,思想政治教育也可以结合慕课、TED(Technology, Entertainment, Design)或者微课等形式,开展灵活新颖的授课或活动。在信息化和大数据时代,可以收集并整理日常数据,利用专业工具进行数据分析,获得数据背后的信息。利用大数据分析的方法,能够从大量烦琐的日常工作中,获取更多的信息,从而提高思想政治教育工作的科学性。

二、学生思想政治教育的个性化发展

个性化,就是根据人们的个体差异,在大众化的基础上根据个体特质的需要,形成独具一格、别开生面的状态。大学生思想政治教育的个性化,是指在对受教育者进行综合调查、研究、分析、测试、考核和诊断的基础上,根据社会或未来发展趋势,以及受教育者的性格、兴趣、爱好、现状、预期等潜在特征和自我期望,量身定制教育目标、教育计划和辅导方案,从而促进思想政治教育被受教育者更好地接受、认同和转化为行动。

当代大学生思维活跃,他们行为的独立性、选择性、多变性、差异性也明显增强。以网络语言为例,现在"原创""转载"等张扬个性、表现风格的词一直比较流行。教育工作者要充分认识到这种变化，尊重他们的多样性。由于受到家庭氛围和社会因素等的影响，每个学生的成长轨迹都不尽相同，性格特征、行为习惯、价值取向和人生规划等也千差万别。他们都有自己的想法，也有表达自身想法、张扬自身个性的权利。在大学生思想政治教育中，个性化强调具体问题具体分析，而不应该按照一种模式、一种方法来开展工作，强调了解当前大学生自身发展的新期待、新需求，承认大学生的个体差异，尊重大学生的个体需求，发掘大学生的个性潜能，注重大学生的个性弘扬，开展分类指导，提高大学生思想政治教育的实效。

（一）尊重教育主体精神

在高校中外合作办学项目中，思想政治教育被视为一项重要活动，其核心在于人的参与，即主体性。主体性意味着对参与者的尊重和发挥其能动作用，这在教育中尤为重要。无论是学生还是辅导员，都应当积极参与，并意识到自身在思想政治教育中的主体地位和作用。特别是辅导员作为教育工作者的一部分，其主体精神的发挥至关重要。需要在教育实践中积极创造条件，引导学生完成思想政治教育的目标。

在大学生思想政治教育中，不仅要尊重学生的主体精神，还应该重视辅导员的主体性。在当前思想政治教育日益专业化、多样化和精细化的背景下，辅导员的角色变得更加复杂和关键。他们需要不断提升自身的主体意识，积极引导学生，促进教育目标的实现。

因此，要在高校中外合作办学项目中有效推进思想政治教育，需要强调主体精神的发挥。这意味着要建立双向的教育模式，既重视学生的自主性和主动性，也注重辅导员的主体性和引导作用。只有通过双方共同的努力和参与，才能圆满实现思想政治教育目标，从而推动学生的全面发展和高校合作办学项目的良性发展。

1. 大学生的主体精神

尊重和发挥大学生的主体精神，就是要调动学生作为思想政治教育活动主体的意识，不仅作为受教育者，而且作为教育实施者；不是被动接受教育、完成任务，而是主动策划任务、实施任务、保障任务完成；不是单纯、简单地参与教育过程，而是积极、能动、创造性地参与教育过程，促进教育过程的顺利开展、有效开展和有特色开展。为此，要注重发挥学生的主人翁性、积极性和创造性。

（1）主人翁性。在高校中外合作办学项目中，人们的主体意识对社会的发展和人类的进步起着关键作用。教育是主体性生成和发展的重要机制，必须以个体主体性的发展水平和特点为依据，遵循个体主体性发展的规律，才能更好地促进个体主体性的发展。思想政治教育需要深入人心，不仅是知识和信息的传递，更重要的是情感和思想意识的交流。因此，调动大学生的主体意识，激发他们的主人翁精神，将教育工作者和受教育者置于同一平台，进行信息交换和情感交流十分重要。

在思想政治教育中，强调学生的主人翁精神具有重要意义。首先，可以通过唤起学生的主体意识，发挥"朋辈教育"功能，传播"正能量"，影响周围的学生，促进整体进步。其次，引导学生以主动配合、合作、共享的姿态，接受学校和教师的教育，而不是消极抗拒。这种主人翁精神的强调，有助于激发学生的积极性，增强他们的参与意识，从而推动思想政治教育工作的有效开展。

教育活动是一个合作互动的过程，如果受教育者消极抵抗，教育效果将受到严重影响。在今天价值观多元化的背景下，思想政治教育工作受到多种因素的影响，往往存在被消解的风险。因此，调动学生的主人翁精神，让他们以"主人"的心态参与教育过程是十分必要的。只有这样，才能充分发挥教育的作用，实现思想政治教育的目标，使其产生更加深远和积极的影响。

（2）积极性。基于青年学生的心理特征和代际差异，在实践中，部分学生对思想政治教育工作往往存在消极应付心理，认为思想政治教育活动可有可无，存在抵触情绪。因此，调动学生参与思想政治教育工作的积极性，目的就是要改变这些学生对思想政治教育活动的抵触情绪或厌倦心态。这不仅需要不断提高思想政治教育活动本身的吸引力，还需要通过其他手段调动这些学生的积极性。调动学生的积极性可以重点从以下三个方面入手：

第一，重要性引导，即要进一步凸显思想政治教育活动的重要意义。这种重要性不仅指基于教育工作本身的价值，更强调其对于青年学生的实用性，即要凸显这些教育活动对于学生本身是必要的、是有现实意义的，这就需要在教育活动实施过程中，更多地寻求教育素材与学生成长成才需求和学生心理特点、学生群体兴趣点等的契合度。

第二，丰富和创新工作载体，即要通过适当的载体来激发学生的积极性，并维护这种积极性。例如，学生社团就是一种载体，让学生自由组合和进行"三自教育"，可以比较长时间地激发和维持学生的积极性。又如，适当的奖励和表彰也是一种增强积极性的手段，诸如此类，要灵活应用。

第三，成就感维持。主体性的重要体现就是人们在实践过程中能获得存在感、成就感、幸福感，体验到作为主体存在的价值。所以，要长时间维持学生对思想政治教育活动的积极性，应使学生在参与思想政治教育活动的过程中能找到其价值，能获得成就感和存在感。所以，一些共享、分享、诉说、展览、展示型活动，就是体现成就感的有效形式，可以多组织和开展一些类似的活动。

（3）创造性。教育活动中学生主体意识的另一个重要表现是创造性，即学生不仅参与教育的过程，而且要有创新，对教育活动有所贡献。这不仅能实现对于学生积极性的激发，也能促进学生获得成就感，同时还能使教育活动本身具有创新性和特色性。在信息化、网络化时代，许多传统的思想政治教育活动是通过网络和新媒体平台开展的。辅导员不可能掌握所有的信息化手段，而调动学生运用新媒体、网络育人平台等，不仅能使学生本身受到教育、体现价值、获得锻炼，而且能使思想政治教育工作实现创新。

此外，在教育活动选题、策划，实施过程的组织、管理、宣传、总结等方面，也可以积极发挥学生的创造能力，从而使思想政治教育工作主题鲜明、形式新颖、生动活泼，受到欢迎、起到实效。

2．辅导员的主体精神

在高校中外合作办学项目中，辅导员扮演着思想政治教育工作的主要实施者角色。他们面临着繁杂的工作内容，工作对象的价值观多元、性格各异，而工作成效评价方式也难以量化和具象化。这样的工作性质使辅导员工作具有强烈的主观性、社会性和个人性，呈现出个性化的特点。不同的辅导员可能会有不同的工作理念、工作思路、工作方法。因此，尊重和发挥辅导员的主体意识，强调他们的主体精神具有重要的现实意义。这样可以激发辅导员的积极性和创造性，使其更好地履行思想政治教育工作，为学生的全面发展和成长提供更有效的支持与帮助。

尊重和发挥辅导员的主体精神，是思想政治教育工作的现实需要。长期以来，在思想政治教育工作实践中，始终强调辅导员要开展个性化思想政治教育活动。而当前强调尊重和发挥辅导员的主体精神，需要强调以下三点：

（1）允许和鼓励辅导员创新。在高校中外合作办学项目中，思想政治教育工作具有显著的政治性和政策性，这就要求辅导员切实贯彻党的教育方针，认真执行各项教育政策，积极将思想政治教育的要求贯彻到实处，促进学生树立社会主义核心价值观。因此，辅导员的工作不能随意"发挥"，教育内容和活动主旨应严格契合思想政治教育的要求，而辅导员的创新空间主要体现在教育的方法、形式、载体、手段和平台等方面。辅导员不仅可以进行创新，而且应当不断创新，使思想政治教育工作保持常新。在实践中，应允许和鼓励辅导员根据党和国家要求、学校要求，围绕育人目标，对思想政治教育活动进行策划、组织和过程控制，设计教育内容、平台和载体，体现新思路，增强吸引力和感染力，提升教育活动的生动性和互动性，从而增强育人效果。

（2）积极鼓励辅导员进行专业化发展。在高校中外合作办学项目中，发挥辅导员的主体精神非常重要。这意味着要重视并调动辅导员的钻研精神和精益求精的态度，推动他们在专业化道路上不断提升自己的水平。随着思想政治教育工作内容的不断丰富和分工的日益细化，辅导员很难在所有领域都成为专家。因此，应鼓励辅导员在某一领域或少数几个领域成为专业人才，即专家型辅导员。辅导员需要发挥主动性和积极性，将工作压力转化为自我提升的动力。这样的努力有助于提高思想政治教育工作的质量和效果，从而更好地服务学生的全面成长。

（3）为辅导员个性化工作提供保障。在高校中外合作办学项目中，鼓励辅导员在思想政治教育中进行创新是非常重要的。为了确保他们能够充分展现个性化的工作风格，必须建立相应的保障机制。除了提供资金和物质方面的支持，还需要营造鼓励创新的氛围。举例来说，某些高校每年会拨出一定的资金用于评选"院系学生工作创新案例"，这些案例涵盖主题、方法、载体等方面的创新。对优秀案例进行表彰，可以激励辅导员积极开展创新工作。这种氛围的形成有助于促进辅导员在学生工作中出现新的亮点和特色，同时也有利于提升思想政治教育工作的成效。

（二）尊重学生个体差异

尊重个性化，是"人本主义"的直接体现。人本主义教育思想的核心理念有两点：①人是不可分割的整体，想了解人、研究人必须从整个人着眼；②每个人都有自己的需求与愿望，有自己的痛苦与快乐。尊重大学生的个体差异，是实现大学生思想政治教育个性化开展的重要前提。

1. 因材施教，体现层次差别

个性化的工作方法强调尊重学生的主体地位，尊重学生的个人秉性、专业背景、认知水平、学习能力、自身素质等方面的差异。学生工作要从实际出发，要根据工作对象、背景条件、环境特点、教育目的等实际情况，从对象的不同个性和成长规律出发，因人、因时、因地制宜，实施不同的教育内容，采取不同的教育方法，具体问题具体分析，把工作做到每个人的心坎上。

在目标设计等方面体现层次差别。因人而异，因材施教。由于个性的差异，每个学生的人生目标各不相同，有的想在专业领域做出一番成就，有的想锻炼自己全面发展从而更好地适应社会，有的想出国深造体会不一样的文化。也正是由于个性的差异，在思想政治教育开展的过程中，教育工作者的目标设计也应该体现出层次差别。例如，可以鼓励喜爱钻研、动手能力强的学生在科技创新方面有所建树；可以鼓励学习成绩优异、热爱科研的学生到国内外知名学府学习，在专业领域实现自己的理想；可以鼓励学习成绩一般但人际关系特别好的学生在组织、协调和领导能力方面多加锻炼。

2. 知人善育，正视个体差异

尊重人必须以知晓、了解、接触人为基础，所以，尊重学生首先要正视学生，要面对学生这个"客观存在"。学生的个性化是建立在共性与个性并存的基础上的。现在在校的大学生适逢经济全球化迅猛推进、社会环境巨变的时期，他们接触新事物多、信息面广，思想活跃、思维敏捷，观念新颖、兴趣广泛，主体意识、独立意识、参与意识和担当意识强，服从意识较弱，单向的灌输阻力较大。同时，学生的家庭背景、生源地、成长环境、心理素质等方面都存在很大差异，按照学生呈现的特点以及学生全面成长的过程中的不同阶段，大致可以分为不同类型的群体，群体间差异较大。

此外，在群体共性的基础上，又因为大学生个体的成长经历、兴趣爱好、自身素质等方面各不相同，群体内部的学生个体差异性也很大。他们的人生目标千差万别，接受能力有强有弱，价值取向更加多元化。因此，这就需要辅导员尊重每个学生的个性，并有针对性地开展一对一的工作，因材施教，引导学生成长成才，并保持其独特鲜明的个性特征。

正视学生个体差异，要求思想政治教育工作者必须正确对待学生的缺点。思想政治教育工作者要有包容之心，不应仅凭个人好恶。因此，能否一视同仁地对待每个学生，已成为考验思想政治教育工作者的一个重要问题。正视学生个体差异，还要求思想政治教育工作者想方设法帮助学生，指出其不足、提供改进建议、帮助其改正。正视学生的个体差异，还要求思想政治教育工作者能帮助学生积极弘扬其优点，无论是良好的个性特征，如开朗、活泼、勇敢等，还是一定的素质特长，如艺术天分、文体特长等。加强这些优势能使学生进一步完善自我，促进学生更好地成长。

（三）弘扬个性特征

在当今社会，年轻人的主观意志和独立意识日益增强，尤其是在高校中，学生群体更是强调个性自由和自我独立。这样的趋势使思想政治教育需要更注重学生的个性化发展，不仅要全面培养学生的能力，还要尊重他们的个人追求和独特发展需求。面对这种情况，高校的思想政治教育工作应该重视学生的多元化需求，注重培养学生的社会责任感、创新精神和实践能力，为他们提供充满选择和发展空间的学习与教育环境，以促进他们的个性发展和梦想实现。

为了更好地满足学生的个性化需求，高校应倡导学生积极参与、主动探索，创造条件让他们充分展现自我，并为他们的兴趣、爱好和特长提供支持与发展空间。例如，一些院校提出了"学生有梦想，我们来实现"的理念，通过提供资金、场地等资源，为学生创造实现梦想的平台。这种做法不仅能鼓励学生勇于追求自己的理想，还能为他们实现个人价值提供有力支持，从而促进学生的个性化成长和个人梦想的实现。

在实践中，高校思想政治教育工作者应根据学生的个性特点和需求，设计并提供相应的教育方案和活动，以引导和激励学生积极发展自己的个性，并通过不同的方式和渠道，让他们感受到成功的喜悦。这种关注学生个性发展的做法有助于培养学生的自信心和创造力，推动他们更好地融入社会并为社会发展贡献力量。

第五章 高校中外合作办学项目学生思想政治教育的内容拓展

第一节 深度传承中华优秀传统文化

中国共产党第十九次全国代表大会和中国共产党第二十次全国代表大会关于文化建设的战略部署深刻体现了中国共产党对文化发展重要性的认识，强调了文化自信和文化繁荣对于实现中华民族伟大复兴的重要作用。"两个结合"，指的是坚持把马克思主义基本原理同中国具体实际相结合、同中华优秀传统文化相结合。这体现了中国特色社会主义文化发展道路的独特性，即在传承中华优秀传统文化的基础上，不断吸收人类文明的优秀成果。党的十九大报告明确提出，坚定文化自信，推动社会主义文化繁荣兴盛。报告强调，文化是一个国家、一个民族的灵魂。文化兴国运兴，文化强民族强。没有高度的文化自信，没有文化的繁荣兴盛，就没有中华民族伟大复兴。要坚持中国特色社会主义文化发展道路，激发全民族文化创新创造活力，建设社会主义文化强国。党的二十大报告进一步强调，全面建设社会主义现代化国家，必须坚持中国特色社会主义文化发展道路，增强文化自信，围绕举旗帜、聚民心、育新人、兴文化、展形象建设社会主义文化强国，发展面向现代化、面向世界、面向未来的，民族的科学的大众的社会主义文化，激发全民族文化创新创造活力，增强实现中华民族伟大复兴的精神力量。报告提出了五个方面的具体措施，包括建设具有强大凝聚力和引领力的社会主义意识形态、广泛践行社会主义核心价值观、提高全社会文明程度、繁荣发展文化事业和文化产业、增强中华文明传播力影响力。

通过这些战略部署，我们可以看出中国共产党对于文化建设的高度重视，以及在新时代背景下对文化自信和文化繁荣的坚定追求。通过"两个结合"，中国旨在构建具有中国特色的社会主义文化，为实现中华民族伟大复兴提供强大的精神动力和文化支撑。

一、在思想政治教育中传承中华优秀传统文化

（一）儒家思想

儒家思想是中华优秀传统文化的重要组成部分。思想政治教育工作者要传承中华优秀传统文化，全面认识、深刻体悟儒家思想，去糟粕，取精华，将儒家思想的智慧运用到工作中，切实提高思想政治教育工作的文化内涵，不断增强思想政治教育的实效性。

1. 中庸和谐

营造中庸和谐的组织氛围，应贯彻"忠恕之道"。"忠恕之道"，用宋代朱熹的话解释，即"尽己之谓忠，推己之谓恕"，努力做好自己该做的事就是"忠"，学会换位思考和宽以待人就是"恕"。中庸和谐与思想政治教育的融合主要体现在以下三个方面：

（1）在高校思想政治教育队伍建设中，要重视"软环境"建设，强调人与人之间的团结互助，默契配合，增强对工作的认同感与忠诚度，用自己的忠恕原则感召人、塑造人。

（2）"谦恭礼让""严己宽人"，引导学生处理好人际关系，创造和谐的校园环境与社会环境。教育学生要学会与人为善，学会合作与包容。

（3）扬善，扶正，使真善美成为学生心中的社会主流价值规范。大学生，尤其是学生干部，在学习、工作、生活中，要明辨是非，坚持原则，敢管敢做。大学生要勇于担当，以成长成才为己任，弘扬道义，传播仁义。

2. 仁者爱人

在教学过程中，要坚持教师的主导，教师要乐为人师更为仁师；要坚持学生主体性，以人为本兼顾育人，最终实现育人与育仁的同频共振。这就要求思想政治教育工作者要做到以下三个方面：

（1）有一颗爱人之心，把热爱工作与热爱学生相结合，做到以情感人，主动亲近学生，关心学生，帮助学生。

（2）"推己及人""子帅以正"。思想政治教育工作者要努力提升修养，以良好的个人形象赢得学生的尊重。

（3）"仁者爱人"，要求思想政治教育工作者要引导学生从"孝"出发，由爱自己、爱亲人到爱他人，最终实现自己的人生价值。

（二）道家思想

道家思想的核心理念是"无为""不争"。它彰显了道家思想的独特性，包含创造性思维和自由精神。"无为""不争"的理念不仅对政治伦理、治国方略、养生之道影响深远，而且可以为提高思想政治教育的实效性带来启示。

1. 自然无为

以"无为"思想的教育思想为基点，结合目前高校思想政治教育现状，从理念、方法、内容三个具体维度借鉴"无为"思想的精髓，从更深层次上挖掘"无为"的教育智慧，可以为高校思想政治教育提供新的启示。

在树立"返璞归真"的教育理念中，要注意以下两点：第一，注重主体性教育。道家思想以"道"为核心，主张顺应自然规律行事，尊重人的个性独立，注重主体作用的发挥。主体性是说受教育者可以自主调节行为，在实践中完善自身品德。第二，顺应人之本性。老子"复归于婴儿"的思想可以看作人性本身。高校思想政治教育应针对大学生的心理特点，立足其本性，以受教育者获得"纯真自然"为最终目标。

在提倡"润物无声"的教育方法中，应注意以下两点：第一，注重教育中的行动。道家的思想是根据事物发展的客观规律，辅助万物遵循自然法则发展的。思想政治教育应给受教育者一定的自由度，充分发挥受教育者的主观能动性，尊重受教育者的自然本性。第二，强调隐性顿悟。道家的特色是顺其自然，依乎天理。道家认为认知只能从本真知觉开始，在高校思想政治教育中，应强调受教育者的隐性顿悟。

在构建"淡泊知足、超拔飞越"的教育内容时，应注意以下几点：第一，提倡"上善若水"的品格。思想政治教育应从"水"的性质出发理解并实施教育之道，在具体的教学过程中，引导受教育者追求"上善若水"的大道品格。第二，提倡"淡泊知足"的态度。老子讲求淡泊名利，低调处世的人生态度。但在文化多元的背景下，高校思想政治教育应加强对受教育者的名利观教育，启发受教育者不要刻意追求或者不择手段地追求名利。第三，提倡"超拔飞越"的精神。庄子强调得其自在，人只有高瞻远瞩，不被外界所困扰迷惑，人生才会超拔升华；庄子还强调平等，肯定物我之间的相互融合。高校思想政治教育应培养受教育者"超拔飞越"的人生态度，从而去寻求自我超拔的途径。

2. 上德若谷

"上德若谷"即崇高的品德好像幽深的山谷。老子认为为人处世应宽宏大量、海纳百川、虚怀若谷，能原谅人、包容人。在建设"美丽中国"的过程中，不仅要建设看得见的美丽，还要建设看不见的美丽，即人的以德报怨的博大胸襟。处在全球化、信息化、现代化的大背景下，大学生心理健康教育过程中必须加强中华民族优秀品德的教育。老子倡导诚信地对待一切事物，希望每个人拥有质朴纯洁的道德。在老子的思想中，慈爱、俭朴、不敢为天下先的谦让精神称为三宝。不敢为天下先的精神也即奉献精神。水利万物而不争，人也应像水一样先考虑别人，先人后己，大公无私。

二、将中华优秀传统文化与思想政治教育进行融合

（一）中华优秀传统文化与思想政治教育融合的必要性

1. 中华优秀传统文化发展的必然趋势

将中华优秀传统文化融入高校思想政治教育具有重要的时代价值与现实意义。思想政治教育作为一项旨在提高人们思想道德素质水平的活动，其核心目标是推动个体的全面发展，激发他们为实现共产主义而奋斗。在这个过程中，文化素养的培养尤为重要。具备优秀的文化素养可以使个体站在更高的道德与精神高度，塑造正确的世界观与价值观。对中华优秀传统文化的重视，则是思想政治教育不可或缺的一部分。传承国粹，弘扬中国特色社会主义文化，促进个体的全面发展，能为国家和社会培养具有文化素养的新一代人才提供坚实的文化基础。

中华优秀传统文化在中国的育人传统中具有举足轻重的地位，尤其体现在"文化育德"和"文化化人"的理念中。这些理念在塑造国人思想道德品质方面发挥着重要作用。为了进一步提升思想政治教育的质量，必须将中华优秀传统文化有机融入教育过程中，充分借鉴其价值观念和教育方法，使之成为思想政治教育的重要组成部分，从而推动学生的全面发展。

中华优秀传统文化与思想政治教育的融合是促进后者发展的必然趋势。将中华优秀传统文化的精华融入教育实践，能够丰富教育内容，提升教育质量，引导学生树立正确的人生观和价值观，使其更好地适应社会发展的需求。

2. 文化自觉与文化自信的必然要求

文化自觉和文化自信对于促进国家与民族的发展至关重要。在高校中外合作办学项目中，不同文化背景的学生和教职员工相聚一堂，需要加强文化自觉，即对自己文化的认知和了解。这不仅有助于增进彼此之间的理解，还能为跨文化交流提供更有利的基础。同时，文化自信也是必不可少的。每个国家和民族都应当

对自己的优秀文化充满信心，认识到其所蕴含的价值，并在与其他文化的交流中展现出自己的特色和魅力。

在高校中外合作办学项目中，加强文化自觉意味着学生和教职员工应当积极学习与了解彼此的文化，尊重并包容不同的文化差异。这种文化自觉不仅有助于构建和谐的校园环境，还能为学生提供更广阔的视野和更深入的跨文化体验。同时，通过增强文化自信，学校可以树立自信心，展现自身的文化魅力，并在国际舞台上能更加自信地开展交流与合作。

在高校中外合作办学项目中，促进文化自觉和文化自信的建设需要多方共同努力。学校可以通过开设跨文化交流课程、举办文化节庆活动等方式，引导学生与教职员工增强文化自觉和自信。同时，政府和社会也可以提供支持和帮助，为项目的文化建设提供资源和平台。最终，通过共同努力，高校中外合作办学项目可以成为跨文化交流与融合的典范，为国家和民族的文化发展贡献力量。

3. 文化软实力形成与发挥的基本保障

当今社会，文化软实力的重要性更加凸显。文化软实力不仅代表着一个国家的文化发展水平，更是国家文化影响力和号召力的象征。这种软实力不仅能增强国家的凝聚力和社会的稳定性，还有助于促进国际交流与合作。在中外合作办学项目中，不同国家的文化交流将成为推动项目发展的重要动力，有助于促进学生和教职员工的跨文化交流与理解。

中国作为一个多民族国家，尤其应当重视中华优秀传统文化的传承和发展。在高校中外合作办学项目中，融合中华优秀传统文化元素，开展文化交流与传播，有助于增强项目的文化软实力。将中华优秀传统文化与现代教育相结合，可以激发学生的文化自信心和国家认同感，促进中外学生在思想和文化上的融合，从而推动合作项目的可持续发展。

然而，要实现中华优秀传统文化的发展和创新，需要不断探索和尝试。中华优秀传统文化虽然蕴含丰富的智慧和价值，但也需要与时俱进，与现代社会相适应。在合作办学项目中，可以通过创新的教学方法和内容设计，结合当代学生的需求和现实情况，使中华优秀传统文化焕发生机和活力，从而使中华优秀传统文化真正成为项目的文化软实力的支撑和推动力量。

4. 探索思想政治教育新路径的必要选择

只有从文化中汲取优质内容，令思想政治教育具有文化属性，其内容才能变得更加丰富。但是思想政治教育目前出现了一些问题，必须通过创新来提升思想政治教育的质量及水平。在如今全球化的时代背景中，多元文化的优势变得越来越明显，学生的思维发生了极大的转变，同时也对学生的思想政治教育提出了更严峻的考验。中华优秀传统文化在这种情况下，更是突出了文化自身所具有的优质内涵，而将中华优秀传统文化融入思想政治教育之中，便是现阶段能够有效解决思想政治教育困境的最有效的方式。只有真正解决了在思想政治教育路上的艰难险阻，才可以真正增强思想政治教育对于学生的实际教育效果。

（1）中华优秀传统文化是思想政治教育的补充。现阶段，我国高等院校中的思想政治教育大多是在课堂中进行的，课堂作为施展思想政治教育的主要渠道，拥有集中教学资源、增强教学效果、突出教学重点等其他教学方式无法比拟的功能。

教师要想真正地知晓中华优秀传统文化对于思想政治教育的作用及意义，其自身应对中华优秀传统文化进行深入的研究，从而开发出思想政治教育与中华优秀传统文化教育之间的结合点，逐渐形成相对成熟的知识体系及教学体系。但是，目前大多数教师只是根据自己的喜好及自身对于中华优秀传统文化的知识积累，将二者进行融合，这种融合只是机械融合或者单纯的说教式的知识输入，没有更进一步地思考中华优秀传统文化的真正实质及内涵等。因此，系统地将中华优秀传统文化融入思想政治教学过程中，能够有效提升其在整个教学过程中所占的比重。探寻中华优秀传统文化与思想政治教育相结合的方法，提升思想政治教育的实效性，对于吸引学生、激发学生对中华优秀传统文化的热爱有着重要的意义。

（2）有利于思想政治教育实现"三全育人"。思想政治教育工作者在学校之中需要将培养学生的历史发展眼光放在第一位，从近代中国历史的发展趋势及世界历史趋势中来探寻历史的发展规律。要想实现该目标，就不可以将思想政治教育限制在课堂之中，否则，教学效果会不尽如人意。要想使思想政治教育获得最大的效果，必须实现"三全育人"，即全员育人、全程育人、全方位育人。在高等院校之中进一步开展思想政治教育，需要充分运用"以文育人"和"以文化人"，两者在思想政治教育中占据着重要位置。

在塑造高等院校中的校园文化时，要充分开发丰富的中华优秀传统文化内容，并将其与校园的实际情况相结合，针对学生思想的特点及变化，设计出适合学生全面发展的、具有中华优秀传统文化特色的，以及受学生喜爱的校园文化。这种特色明显的校园文化能为思想政治教育提供良好的氛围及内容供应，促进有中华优秀传统文化特色的校园文化与思想政治教育进行结合，以及让更多有中华优秀传统文化知识的专业教师全身心投入对学生的思想政治教育之中，从而全方位地提升思想政治教育的育人功能。

（3）帮助学生树立正确的价值观。将中华优秀传统文化与学生思想政治教育相结合，运用中华优秀传统文化来做核心，这样对加深思想政治教育的深度有很大的帮助。

总之，在思想政治教育中，要充分发挥中华优秀传统文化的价值，真正实现中华优秀传统文化与思想政治教育的融合，实现我国思想政治教育的创新发展，这对解决现阶段学生思想政治教育中的一系列难题具有重要的现实意义。要想真正地实现这一想法，必须在教师与学生中间创建高度的文化自觉，不断地进行创新，并以此为基础，创建中华优秀传统文化与思想政治教育融合的双方共利局面。

（二）中华优秀传统文化与思想政治教育的融合路径

1. 强化中华优秀传统文化在思想政治教育中的引导作用

把中华优秀传统文化作为文化载体融入思想政治教育工作中是一项重要的措施，这样不仅能使学生创建科学的文化观，也能充分发挥中华优秀传统文化的真正作用，即加强文化建设，增强文化自信，提升我国学生的全面文化能力及对文化的鉴别能力。对思想政治教育的文化功能进行更进一步的审视，只有以文化环境为基础，才能真正地让思想政治教育工作脱离这一尴尬的局面；只有将中华优秀传统文化放在思想政治教育资源中的重要位置，才能令思想政治教育更进一步地发展。在学校中设置中华优秀传统文化课，能够令学生在中华优秀传统文化的熏陶下，不断地提升自己的思想道德素养及中华优秀传统文化修养，从而真正实现思想政治教育的育人目标。

从事思想政治教育工作的人们要善于利用大众传媒，充分借助网络来扩大中华优秀传统文化的覆盖面积与影响力，以此来进一步提升思想政治教育的时效性与科学性，引导学生进行中华优秀传统文化学习。

（1）提升教师的传统文化素养。思想政治教育工作队伍作为增强和改进思想政治教育的重要保证，应做到以下几点：①在思想上认识到中华优秀传统文化在思想政治教育工作中的重要性；②认真学习中华优秀传统文化，优先提升自己的文化素养；③自觉将中华优秀传统文化与思想政治教育进行结合，努力挖掘思想政治教育与中华优秀传统文化的结合点，对思想政治教育进行进一步创新。

（2）对教育、教学方式进行创新。教师需要以中华优秀传统文化的独特性来吸引学生的关注，令他们从心底对中华优秀传统文化产生浓厚的兴趣。同时，在对学生进行指导教学时，要让他们获取更多的文化知识，以此来提升其文化素养。

（3）必须兼顾学生的差异性，凸显育人目标的多样化。需要坚持以学生为本，注重人文关怀，对于不同的个体要寻找对其有效的教育方法来建立多元化的评估激励机制。

2. 建立思想政治教育融合中华优秀传统文化的工作保障机制

（1）提高思想政治教育工作者的素质

思想政治教育工作队伍是高校思想政治教育的重要支撑，是培养社会主义建设者和接班人的关键力量。思政课教师作为这支队伍的核心，其素质和能力直接影响思想政治教育的质量和效果。根据新时代思想政治教育的要求，思政课教师需要具备"六个要"：政治要强、情怀要深、思维要新、视野要广、自律要严、人格要正。

第一，政治要强。政治要强，是指教师要有高度的政治敏锐性和政治鉴别力，能够准确把握党和国家的政策方针，正确理解和传播马克思主义理论，坚定不移地维护国家利益和社会稳定。在教学过程中，思政课教师应始终坚持正确的政治方向，确保教育内容与党和国家的要求高度一致，培养学生的政治认同感和责任感。

第二，情怀要深。情怀要深要求思政课教师具备深厚的教育情怀和对学生的关爱之心。教师不仅要热爱教育事业，更要关心学生的成长和发展。情怀深厚的教师能以真诚的情感打动学生，以爱心和耐心关怀学生，赢得学生的信任和尊重。通过情感的交流和互动，教师可以更好地了解学生的思想状况和心理需求，因材施教，帮助学生树立正确的世界观、人生观和价值观。

第三，思维要新。思维要新意味着思政课教师要具备创新思维和与时俱进的精神。在新时代，社会环境和学生思想不断变化，教师必须不断更新自己的知识结构和教学方法，积极探索新的教育理念和教学模式。思维新颖的教师能够利用现代信息技术和多媒体手段，丰富教学内容，增强课堂的吸引力和感染力，使思想政治教育工作更具时代感和现实意义，从而更好地引导学生思考和解决实际问题。

第四，视野要广。视野要广要求思政课教师具备国际视野和开放的胸怀。随着全球化进程的加快，学生需要了解和认识世界的发展变化，具备全球视野和国际竞争力。教师应及时掌握国内外政治、经济、文化等方面的信息，深入了解国际形势和全球热点问题，帮助学生树立正确的国际观。同时，教师还应积极开展国际交流与合作，不断拓宽视野，提高自身的专业水平和教育能力。

第五，自律要严。自律要严是指思政课教师要严格要求自己，做到言行一致、表里如一。教师作为学生的榜样，其一言一行都会对学生产生潜移默化的影响。严于律己的教师能以高标准要求自己，时刻保持良好的道德操守和职业操守，以身作则，树立良好的师德形象。在教学和生活中，教师应注重自我修养，不断提高自身的思想政治水平和道德素质，为学生树立正面的榜样。

第六，人格要正。人格要正意味着思政课教师要具备高尚的人格和强烈的责任感。教师的人格魅力对学生的思想道德发展起着重要作用。有高尚人格的教师能够以自己的人格魅力感染学生，引导他们追求真理、崇尚正义，形成健康的心理和健全的人格。教师应始终坚持公正的原则，处理好与学生、同事、家长和社会的关系，以高尚的人格魅力赢得学生的尊重和信赖。

（2）提升对思想政治教育教师的激励

第一，以激励形式的有形与无形作为标准依据，可将其分为物质激励和精神激励。物质激励是直接以肉眼可见的物质奖励来作为激励。在管理之中所运用的激励形态，通常都是以奖金、补助、购物券等来对人们进行激励的。在大部分高校中，采取奖金形式来激励教师是最普遍的。精神激励是以肉眼无法直接看到的非物质奖励来作为激励的。因此，在教学管理中，除了物质激励，精神激励也是人们经常运用的激励方式。

第二，以奖励过程的快慢为依据，可将其分为即时激励和延时激励。即时激励是指当个体完成指定目标之后，立刻便可获得奖励的激励形式；延迟激励是指个体完成指定目标后，在很久之后获得奖励的激励形式。即时激励与延迟激励各有各的优点及缺点。即时激励有助于自己对工作的正确与否进行判断，从而养成良好的行为习惯，进一步提升工作效率。但是学校的事务本身比较繁忙，有时是难以给予教师即时激励的，而在这种无法给予即时激励的情况下，给予教师延迟激励也有可能发挥难以想象的激励作用，但延迟激励由于时间跨度较大，有可能瓦解教师的工作热情。

从精神激励方面进行分析，教学工作本身便处于一种无形的压力下，沉重的教学任务，学生家长的不恰当要求，社会对教师的过分期望等都会严重影响教师自身的状态，容易造成教师迅速转入倦怠期。从事教学管理工作的管理者、教师、行政人员等都会面临职业倦怠期所产生的困惑与压力。每个教师都想将自己的工作任务做到最优，从而成为学生心中最尊敬、最喜爱的教师。但是，在教学过程中，很少有学校会主动地给予教师温暖。

从物质激励方面进行分析可以发现，在物质奖励的激励下，教师进行科学研究的兴致很难持久，而研究成果的质量又参差不齐。学校对此并没有准确的认知，无法从内部对教师的教学工作做出科学的评判，因此，便很难从根本上解决问题。

3. 确立思想政治教育融合中华优秀传统文化的环境保障机制

环境指的是某一事物其周围的具体情况及条件。环境本身作为教育力量起着重要的作用，如环境能够直接影响教育的发展。对学生的思想政治教育能够产生直接影响的便是学校环境、家庭环境、社会环境。伴随着时代的发展及科学的进步，网络对思想政治教育的开展及学生思想政治道德的影响越来越明显。社会环境教育、家庭环境教育、学校环境教育的具体功能有着明显的不同，只有将这三方面环境的教育进行融合，才能获得完整的教育效果。

社会环境教育、家庭环境教育、学校环境教育都是以培养人为目的的，说明三者的目标具有一致性。从目标的表现形式看三者存在一定的差异，以家庭环境教育与学校环境教育为例，家庭环境教育目标展现出的是父母自身的意志；学校环境教育目标反映的是党的教育方针及社会主义教育的性质，所展现的是国家的意志。家庭环境教育目标与学校环境教育目标其实是一致的，都是以培养全面发展的优秀人才为最终目的的，体现了以人为本的教育理念。

除此之外，社会环境教育、家庭环境教育、学校环境教育共同创建了时空上的整体性。时空上的整体性指的是三者从不同的空间与时间将学生的生活进行连接、延续及配合，从而形成一体化的崭新格局。因此，将三者进行衔接，便是教育一体化的一个重要内容。从时间上来分析，能发现三者在个人发展的不同阶段起不同的作用；从空间上来分析，能发现个人的时间占比大多数都是处在家庭、学校、社会三种环境之中。所以，三者会共同发挥作用，且不可分割。

（1）在社会环境中营造中华优秀传统文化氛围

社会环境教育有多样性、实用性、及时性、互补性四大特点。多样性指由于教育对象各式各样，所以必须以丰富多彩的教育内容来满足不同受教育者的需求；实用性指不仅要追求理论上的完整，还要追求其本身的趣味性及接受程度；及时性指社会环境教育能够以社会的实时发展来对内容进行调整；互补性指社会环境教育能给学生带来的知识通常是学校环境教育不具备的，如社会中的伦理道德知识，以及如何处理人与人之间的关系等。

中华民族的发展是以继承与弘扬中华优秀传统文化为优先的。除此之外，思想政治教育必须有社会的支持才可以进一步发展下去，而只有社会提升对中华优秀传统文化的重视程度，中华优秀传统文化与思想政治教育的结合才能顺利地进行下去。创造具备文化自觉、文化自信的中华优秀传统文化环境，并不只是为了顺应时代的发展，更主要的还是因为社会自身具有传承中华优秀传统文化的义务与责任。

政府不仅需要重视对中华优秀传统文化的推广任务，还需要重视对中华优秀传统文化的开发程度及利用程度，从而在社会中深入地开展与之相关的系列活动，从各个方面对中华优秀传统文化本身具备的教育性提供相应的保障，以此来使中华优秀传统文化顺利、完整地延续下去。例如，加大对非物质文化遗产的宣传和保护力度，让全国人民了解非物质文化遗产，并对相关保护法律与法规进行完善，可以提升民众对于中华优秀传统文化的保护意识；借助媒体，向民众宣传、介绍中华优秀传统文化的独特魅力，可以形成有效的舆论环境。只有在社会中形成对中华优秀传统文化有利的环境，才能有效地促进中华优秀传统文化与思想政治教育的融合。

总之，人们只有从现实出发来进行研究，才可以有效地确保研究自身的可持续发展。在我国的思想政治教育过程中，开发中华优秀传统文化中与思想政治教育相关联的教育体系的同时，也要注重对现实问题的信息反馈，并借此来使其具备更加宽广的视野。因此，人们需要关注社会中存在的问题，在问题中发现解决问题的方法，以此来不断地对学术视野进行更新，促进中华优秀传统文化与思想政治教育的融合研究。

（2）在家庭环境中创造中华优秀传统文化教育

家庭环境教育本质上指的是家庭中的教育内容及所运用的教育方法。家庭教育具有全面性、广泛性、复杂性、灵活性、继承性的特点。全面性决定了家庭环境教育所具备的广泛性特点，使得家庭环境教育能够变得随处可见。复杂性主要表现在，家庭环境教育不具备与学校环境教育相似的教育内容及教育学制，同时也很容易受到家庭及周边环境的影响而发生改变。灵活性使家庭环境教育自身能同时拥有针对性与及时性特点，而这也是因父母与孩子之间的特殊关系而带来的特性，可针对孩子的具体情况进行及时的教育。继承性指当孩子受到父母的教育之后，会以相同的方式教授给下一代。

（3）在校园环境中创建中华优秀传统文化教育

第一，创造良好的校园物质环境。良好的校园物质环境指的是优秀的校园建设规划。以设施改良、环境美化为基础，建设能充分地体现学校文化的校园，对校园进行完善设计与规划。例如，在学校中，特殊设计不但可以展现具备现代风格的校园建筑，以及具备学校特色的校园景观，还可以展现我国的民族文化特色。除此之外，还需要对校园物质环境进行定时维修与护理。在此基础上，教师与学生的环境保护意识也要进一步提升。如果一所学校具备优秀的环境，那么它不仅能成为学生成长的乐园，还能为提升学生的文明素养提供保障。

第二，建设良好的校园文化环境。学校倘若想改善自身的校园文化环境，便要重视学校的校风、学风，以及学校中各个班级的班风。只有这样才能让一所学校具有自己的办学风格，创造与其他学校不同的生活理念。与此同时，可以设计具有学校特色的校训、校徽及校歌，以此来进一步增强全体师生之间的凝聚力、荣誉感及自豪感。充分发挥学生自身的个性特长，进一步开展广受学生喜爱的学习、娱乐活动，以此来培养学生对于民族文化及社会文化的认同感，从而在面对不良信息时，能够自觉抵制不良信息。从实际出发，指引学生根据自身兴趣组成各式各样的兴趣小组及学生社团，不断提升能力，陶冶情操，可以让学校中的全体师生密切联系，形成一个团结互助、和谐统一的大集体。

第三，营造良好的校园网络环境。网络是一把双刃剑，既可以为人们提供便捷，也可以给人们带来不良的信息。因此，为了能够给学生提供健康的网络环境，学校要做到以下几点：①帮助学生看透网络的本质，从而使学生学会运用网络来获得自己所需要的相关知识，提升自身的网络素养；②在校园中开展相关的网络道德教育活动，正确指引学生，避免其沉浸在网络世界中，使其能够遵守网络道德规范，从而养成自律能力；③提升学生的网络道德意识，避免触犯法律条例；④加大对于学生网络行为的监管力度，为此，学校应该在校园中设立一个专业的网络管理机构，以网络专业技术为助力，拦截那些会对学生产生不良影响的网络信息；⑤积极主动地建设学校独有的思想政治理论网站，以科学为武器，传播正能量，抵制不良影响，以此来创建优异的网络舆论环境。

第四，优化校园周边环境。随着人们生活水平的不断提升，第一媒体（如报纸）、第二媒体（如刊物）、第三媒体（如广播、电视）得到了普及，而新时代科技水平飞速发展，诞生了第四媒体，即互联网。目前，互联网已经成为深受人们喜爱的一个媒体，同时也承载着学生思想发展的重要作用。

在此背景下出现了新的现象——学生信息异化。学生信息异化是指信息恐慌、信息依赖、信息崇拜、信息毒害及信息犯罪。真正能够有效解决该问题的方法便是适应：帮学生树立主体意识，使学生分清人与信息之间的定位关系；帮学生树立政治意识，提升学生的政治敏锐性及明辨是非的能力；帮学生树立网络阵地意识，使学生有意识地将校园网络建设成培养思想政治素养的主要阵地；帮学生树立时代意识，使学生能够正确地提高自身的信息素养，紧跟时代发展的脚步；树立法治意识，利用法律的力量来对学生的网络信息活动进行约束。

由于各个学校的周边环境与校园内部环境之间存在较密切的联系，因此校园周边环境及校内环境的改建容易影响学生的思想政治素养。因此，学校要想对其周边的环境进行优化，应当与工商部门、公安部门、社区部门等进行合作，维护学校周边的治安安全，严惩违法行为，维护教师与学生的人身安全及财产安全，创造文明、健康、和谐的环境。

三、中华优秀传统文化在新时期的创造性转化

（一）丰富与优化教育内容

在高校中外合作办学项目中，教育内容的丰富与优化是增强思想政治教育效果的关键环节。可以通过科学合理的课程设计和高质量的教材编写，有效地将中华优秀传统文化传承到教育内容中，从而促进学生的全面发展。

1. 课程设计

课程设计是丰富与优化教育内容的核心环节。科学的课程设计不仅需要满足教育的基本要求，还应体现中华优秀传统文化的内涵与价值。课程设计应注重课程体系的完整性和系统性，确保思想政治教育课程能够系统地覆盖中华优秀传统文化的各个方面。具体而言，可以将中华优秀传统文化内容嵌入思想政治理论课程、人文社会科学课程和实践课程中，使学生在不同的课程中都能接触到丰富的中华优秀传统文化内容。

在思想政治理论课程中，应将中华优秀传统文化的核心理念和价值观纳入教学内容。例如，可以通过课程内容深入讲解儒家思想中的仁、义、礼、智、信等价值观，使学生理解这些价值观的历史渊源及其在现代社会中的重要性。同时，可以结合当前社会热点问题，分析中华优秀传统文化中的智慧和经验，帮助学生树立正确的人生观和价值观。

在人文社会科学课程中，可以设置专门的中华优秀传统文化课程，如中国古代文学、历史、哲学等。学习这些课程，学生能全面地了解中华优秀传统文化的精髓。通过经典著作的阅读和讨论，学生不仅可以提升自己的文化素养，还能增强对中华文化的认同感和自豪感。

在实践课程中，可以组织学生参与各种形式的文化活动，如书法、国画、传统音乐和戏曲等。通过亲身体验，学生能深刻感受中华优秀传统文化的魅力。此

外，还可以开展中华优秀传统文化的社会实践活动，如参观历史文化遗址、参与传统节日庆祝活动等，使学生在实践中加深对中华优秀传统文化的理解和认同。

2. 教材编写

高质量的教材是实现教育内容丰富与优化的重要保证。教材编写应充分体现中华优秀传统文化的精髓，既要符合现代教育的要求，又要具有中国特色。教材内容应全面、系统地反映中华优秀传统文化的各个方面，既应包括哲学、伦理、文学、历史等经典内容，也应涵盖中华优秀传统文化在现代社会中的发展与创新。

在教材内容选择上，应注重经典性和时代性的结合。选取的内容既要具有经典性，即能够反映中华优秀传统文化的核心思想和精髓，又要具有时代性，即能够与现代社会现实相结合，具有现实意义。例如，在讲解儒家思想时，不仅要介绍孔子的生平和主要思想，还应结合现代社会中的道德教育、家庭教育等问题，探讨儒家思想的现实应用。

在教材编写过程中，应注重内容的可读性和吸引力。采用生动的语言、丰富的案例和图文并茂的形式，教材内容会更加生动有趣，从而吸引学生的阅读兴趣。例如，在讲解传统节日时，可以通过插图、故事等形式，生动呈现节日的文化内涵和习俗，使学生在轻松愉快的氛围中学习和理解中华优秀传统文化。

此外，教材的编写还应注重与学生实际生活的结合。可以通过设计与学生生活和学习密切相关的案例，引导学生将所学的中华优秀传统文化知识与实际生活相结合，增强学习的实效性。例如，可以通过案例分析、情景模拟等方式，让学生在解决实际问题的过程中，体会和运用中华优秀传统文化中的智慧和价值观。

（二）创新与应用教育方法

在高校中外合作办学项目中，思想政治教育的有效实施不仅依赖于教育内容的丰富与优化，还需要教育方法的创新与应用。现代教育理论指出，教学方法的创新与合理应用是提高教学质量和增强教育效果的关键。

1. 互动教学法

互动教学法是一种强调师生互动、生生互动的教学方法。它能通过多样化的互动形式，促进学生的主动学习和深度思考。在思想政治教育中，应用互动教学法能够有效增强学生的参与感和主体性，增强教学效果。

（1）互动教学法能够促进师生互动。在传统的教学模式中，教师通常处于知识传授的主体地位，学生则处于被动接受的状态。互动教学法打破了这种单向传输的模式，强调教师与学生之间的双向交流。教师在教学过程中，不仅要讲授知识，还要积极引导学生参与讨论、提问和表达观点，通过互动激发学生的学习兴趣和积极性。例如，在课堂上，教师可以通过设问、讨论、案例分析等方式，鼓励学生发表自己的见解和看法，从而形成良好的师生互动氛围。

（2）互动教学法能够促进生生互动。在思想政治教育中，学生之间的互动同样重要。通过小组讨论、团队合作等形式，学生可以互相启发、互相学习，深化对教学内容的理解。例如，在进行社会热点问题的讨论时，教师可以将学生分成若干小组，每组讨论一个具体问题，然后进行小组汇报和全班讨论。通过这种方式，学生不仅能锻炼自己的表达能力和思辨能力，还能在互动中加深对问题的理解和认识。

（3）互动教学法能够提升学生的主体性。互动教学法强调学生在学习过程中的主体地位，鼓励学生主动参与、主动思考、主动探索。通过互动教学，学生不再是被动的知识接受者，而是积极的学习参与者和创造者。例如，在讲解中华优秀传统文化时，教师可以设计一些互动环节，如文化知识竞赛、中华优秀传统文化展示等，激发学生的学习兴趣和热情，使学生在参与中学习、在学习中成长。

2. 实践教学法

实践教学法是一种强调理论联系实际，通过实践活动提升学生实践能力和综合素质的教学方法。在思想政治教育中，实践教学法的应用能够使学生在真实情境中感受和理解所学知识，培养综合素质和社会责任感。

（1）实践教学法能够提升学生的实践能力。在思想政治教育中，理论知识的学习固然重要，但更重要的是将理论转化为实践能力。通过实践教学，学生可以在实际操作中应用和检验所学知识，提升实践能力和问题解决能力。例如，在讲中华优秀传统文化的价值观时，教师可以组织学生参与中华优秀传统文化节日的庆祝活动，如端午节、中秋节等。通过亲身体验，学生能更直观地感受和理解中华优秀传统文化的内涵与价值。

（2）实践教学法能够提升学生的综合素质。实践教学的目的是应用理论知识，全面提升学生的综合素质。通过参与各种实践活动，学生可以锻炼自己的沟通能力、组织能力、协作能力和创新能力。例如，教师可以组织学生参与社会调查、社区服务等活动，使学生在实践中锻炼自己的能力，提升综合素质。

（3）实践教学法能够增强学生的社会责任感。思想政治教育的一个重要目标是培养学生的社会责任感，使其成为具有社会担当和责任意识的公民。通过实践教学，学生可以在参与社会活动中感受社会的现实问题，增强社会责任感。例如，教师可以组织学生参与公益活动、志愿服务等，使学生在服务社会的过程中，培养社会责任感和奉献精神。

3. 综合应用

互动教学法和实践教学法各有优势。在思想政治教育中，综合应用这两种教学方法，可以充分发挥它们的优势，增强教学效果。

（1）综合应用互动教学法和实践教学法，可以实现理论与实践的有机结合。在思想政治教育中，理论知识的学习和实践能力的培养同样重要。通过互动教学法，学生可以在课堂上积极参与讨论、交流和思考，提升理论知识的理解和掌握能力；通过实践教学法，学生可以在实际操作中应用和检验所学知识，提升实践能力和解决问题的能力。综合应用这两种教学方法，可以实现理论与实践的有机结合，提升学生的综合素质。

（2）综合应用互动教学法和实践教学法，可以增强学生的学习兴趣和积极性。互动教学法能通过多样化的互动形式，激发学生的学习兴趣；实践教学法能通过真实情境的实践活动，使学生在参与中学习、在学习中成长。综合应用这两种教学方法，可以有效增强教学效果。

（3）综合应用互动教学法和实践教学法，可以培养学生的创新能力和社会责任感。互动教学法能通过鼓励学生主动思考、主动探索，培养其创新能力；实践教学法能通过社会活动，增强学生的社会责任感。综合应用这两种教学方法，可以使学生成为具有创新精神和社会担当的高素质人才。

（三）建设与培训教师队伍

在高校中外合作办学项目中，教师队伍的建设与培训是确保教育质量和实现教育目标的关键环节。高素质的教师队伍不仅是教学质量的保障，更是学生全面发展的引领者。

1. 进行师资培训

师资培训是提高教师专业素质和教学能力的重要途径。特别是在中外合作办学项目中，教师面对的是跨文化的教育环境和多元化的学生群体，因此，有针对性的师资培训显得尤为重要。

（1）师资培训应注重教育理念的更新。随着教育全球化的发展，现代教育理念不断更新，教师需要不断学习和掌握新的教育理论和方法，以适应时代发展的需求。在师资培训中，应加强对教师教育理念的更新培训，使其能够理解和应用现代教育理论，如以学生为中心的教学理念、素质教育理念、终身学习理念等。这不仅有助于提高教师的教育素养，还能促进其教学方法的创新和改进。

（2）师资培训应注重教学能力的提升。教学能力是教师专业素质的重要组成部分，直接影响教学效果和学生发展。在师资培训中，应通过多种形式提升教师的教学能力，如教学技能培训、教学方法研讨、教学案例分析等。例如，可以组织教师参加教学技能培训班，学习和掌握互动教学法、实践教学法、项目教学法等教学方法，增强课堂教学效果。同时，可以通过教学研讨会和教学案例分析，促进教师之间的经验交流和分享，提升教学水平。

（3）师资培训应注重教师国际化视野的拓宽。在中外合作办学项目中，教师需要具备国际化的教育视野，能够理解和尊重不同文化背景下的教育理念与学生需求。在师资培训中，应加强对教师国际化视野的培养，如组织教师参加国际教育交流与合作项目、出国访学、参加国际教育研讨会等。通过这些活动，教师可以开阔视野、更新观念，提升国际化教育能力。

（4）师资培训应注重教师综合素质的提升。教师不仅需要具备专业知识和教学能力，还需要具备良好的心理素质、沟通能力和组织管理能力等。在师资培训中，应通过心理健康培训、沟通技巧培训、班级管理培训等，提升教师的综合素质，增强其教育教学的实效性和可持续性。

2. 中外教师合作

中外教师合作是中外合作办学项目中的一大特色和优势，可以通过中外教师的合作，实现教育资源的共享和互补，提升教学质量。

（1）中外教师合作有助于教育理念的交流与融合。中外教师有不同的教育背景和文化背景，其教育理念和教学方法各具特色，可以通过合作，实现教育理念的交流与融合，促进教育理念的多元化和现代化。例如，中方教师可以学习和借鉴外方教师的教学理念等，增强课堂教学效果；外方教师可以学习和借鉴中方教师的教学方法，提升教学质量。

（2）中外教师合作有助于教学资源的共享与利用。在中外合作办学项目中，中外教师可以通过合作，共享教学资源，如课程教材、教学案例、教学视频等，丰富教学内容和形式。例如，中方教师可以引入外方教师的优秀教学资源，提升课程质量和增强学生学习效果；外方教师可以利用中方教师的本土化教学资源，增强课程的本土适应性和学生的学习兴趣。

（3）中外教师合作有助于教学方法的创新与改进。可以通过中外教师的合作，实现教学方法的互学互鉴，促进教学方法的创新与改进。例如，中方教师可以学习外方教师的项目教学法、实践教学法等，增强学生的实践能力和创新能力；外方教师可以学习中方教师的系统教学法等，提升课程的系统性和完整性。

（4）中外教师合作有助于教师专业发展的持续提升。可以通过中外教师的合作，实现教师之间的相互学习和共同提升，促进教师专业发展的持续提升。例如，中方教师可以通过与外方教师的合作，提升自己的国际化教育能力和跨文化沟通能力；外方教师可以通过与中方教师的合作，增强对中国文化和教育体系的理解和适应，提升本土化教学能力。

第二节　红色资源与红色文化精神的延续传承

一、红色资源的内涵及其多重价值

红色资源是指在中国共产党领导下，中国人民为争取民族独立、人民解放和国家富强而做出了伟大牺牲和奋斗，留下的一系列珍贵财富，涵盖革命精神、革命历史、英雄人物、纪念馆、红色遗址等多个方面。这些红色资源不仅是中国共产党的宝贵精神财富，也是中国人民的宝贵精神财富，更是中华民族历史的重要组成部分，具有极高的社会价值和文化意义。

在中国共产党的领导下，中国人民进行了长期的新民主主义革命和社会主义革命，用鲜血和生命谱写了壮丽的革命史诗。这段历史是中国人民艰苦奋斗、英勇斗争的历史，也是中国共产党领导中国人民走向胜利的历史。革命精神是红色资源的核心，体现了中国共产党和中国人民在革命斗争中英勇顽强、不畏牺牲、坚定信念和百折不挠的精神品质，是中华民族的宝贵精神财富。

红色资源的总和构成了中国革命和建设的历史文化底蕴，是中国共产党领导中国人民走过的光辉历程的历史见证，是中国共产党领导中国人民进行的一次又一次伟大社会实践的历史记忆。这些历史文化遗产在中华人民共和国成立以后，连接着广泛的沉淀路径，不断为中国社会主义建设事业提供精神动力和文化支撑。

在精神文化层面，红色资源是中国人民的宝贵精神财富，是中华民族的宝贵文化遗产，具有丰富的历史文化内涵和深厚的文化底蕴。这些红色资源是中国共产党领导中国人民进行革命和建设的精神源泉与文化根基，激励着中国人民在建设中国特色社会主义事业中勇往直前，为实现中华民族伟大复兴的中国梦而不懈奋斗。

红色资源的开发利用价值在于，激励人民群众坚定中国特色社会主义道路自信、理论自信、制度自信、文化自信，促进全社会形成共同奋斗、共同进步、共同发展的良好氛围，为推动中国特色社会主义事业不断向前发展提供强大动力。在新时代，充分挖掘和利用红色资源，有利于提高全民族的历史文化素养和文明素质，增强中华民族的凝聚力和向心力，推动中国特色社会主义事业繁荣发展。

同时，在社会发展现实中，红色资源也具有重要的社会价值。它是激励人们坚定理想信念、传承家国情怀、弘扬爱国主义精神的重要载体，有助于引导人们正确对待历史、认识历史、铭记历史，增强社会凝聚力和向心力，促进全社会的和谐稳定发展。

红色资源具有极高的社会价值和文化意义。充分挖掘和利用红色资源，有利于推动中国特色社会主义事业不断向前发展，增强中华民族的文化自信心和自豪感，为实现中华民族伟大复兴的中国梦做出贡献。

二、传承红色资源与红色文化精神的策略

（一）优化课程体系

1. 开发与设置红色文化课程

红色文化是以马克思主义思想为指导，反映中国共产党人和广大人民群众的心理品格、思想意识、精神风貌的一种民族文化。在高校中外合作办学项目中，红色文化课程的开发与设置是实现思想政治教育目标的重要途径。红色文化课程应涵盖中国革命历史、革命精神和红色文化的内涵，通过系统的课程设计，学生可以全面了解和深刻理解红色文化精神的历史背景与现实意义。

（1）红色文化课程的开发需要系统规划。课程内容应涵盖从辛亥革命到新中国成立及社会主义建设时期的重大历史事件、重要人物和关键理念。课程应包括在中国共产党领导下的革命历程、伟大成就和宝贵经验，特别是中国革命、建设和改革的辉煌历史，革命烈士的英勇事迹，以及中国人民在追求民族独立和国家富强道路上的奋斗精神。通过系统的课程设计，学生能在学习过程中逐步了解红色文化的形成与发展，并培养爱国主义情怀和社会责任感。

（2）红色文化课程的设置应体现多样性和灵活性。除了传统的课堂教学，还可以通过专题讲座、红色文化展览等形式丰富教学内容。专题讲座可以邀请相关领域的专家学者，他们能通过深入浅出的讲解，使学生更好地理解红色文化的核心内涵。红色文化展览则可以通过生动形象的视觉和听觉体验，让学生更直观

地感受红色文化的魅力和力量。

（3）红色文化课程的评估与反馈机制非常重要。课程设置不仅要考虑知识的传授，更要关注学生的学习效果和思想转变。因此，需要建立科学的评估机制，通过问卷调查、课程讨论、学习成果展示等方式，及时了解学生的学习效果和思想变化，依据反馈不断优化课程内容和教学方法，增强课程的教育实效性。

2. 使课程内容的本土化与国际化相结合

在中外合作办学项目中，课程内容的本土化与国际化结合是实现红色文化教育目标的重要策略。这项策略不仅有助于学生全面理解和认同红色文化精神，还能培养学生的全球视野和跨文化交流能力。

（1）课程内容的本土化是红色文化教育的基础。课程设计应充分考虑中国学生的文化背景和认知特点，注重红色文化精神的传承和弘扬。在课程内容上，应以中国革命历史和社会主义建设为主线，深入挖掘和阐释在中国共产党领导下的革命历程和伟大成就，展示中国革命、建设和改革的辉煌历史和宝贵经验。通过本土化的课程内容，学生能深刻认识到红色文化精神的内涵和价值，增强文化自信和民族自豪感。

（2）课程内容的国际化是红色文化教育的重要拓展。随着全球化进程的加快，学生不仅需要了解本国的历史和文化，还需要具备全球视野和跨文化交流能力。在红色文化课程的设计中，可以适当引入国际视角，通过比较研究中外革命历史和文化背景，帮助学生全面理解红色文化精神的价值。例如，可以设置"世界革命史"专题，比较中国革命与世界其他国家革命的异同。采用这种方式，学生可以在全球视野下理解和认同红色文化精神，培养国际视野和跨文化交流能力。

（3）课程内容的本土化与国际化结合需要科学地编写教材和整合教学资源。在教材编写过程中，应充分利用国内外优质教育资源，结合中外合作办学项目的实际情况，编写符合学生认知特点和学习需求的教材。同时，应积极利用互联网和多媒体技术，整合国内外红色文化教育资源，打造丰富多样的教学资源库，为课程内容的本土化与国际化结合提供有力支持。

3. 在专业课程中弘扬红色文化精神

红色文化精神的弘扬不只是思想政治教育课程的任务，更应贯穿在各类专业课程的教学之中。可以通过在专业课程中弘扬红色文化精神，实现思想政治教育与专业教育的有机结合，培养具有深厚红色文化底蕴和专业素养的新时代人才。

（1）在专业课程中弘扬红色文化精神需要教师的积极引导。教师在授课过程中，应注重挖掘和融入红色文化精神的内容。例如，在历史、文学、政治等专业课程中，可以通过讲解革命历史事件、革命文学作品、红色政治理论等内容，帮助学生理解红色文化精神的内涵和价值。在理工科专业课程中，可以结合红色文化中的创新精神和实事求是的科学态度，激励学生勇于探索、敢于创新，培养他们的科学精神和实践能力。

（2）红色文化精神的弘扬需要精心设计课程内容。在各类专业课程的教学大纲中，可以专门设置红色文化精神相关内容，将其作为课程教学的重要组成部分。例如，在文学课程中，可以设置"红色文学"专题，系统讲解中国革命文学作品及其精神内涵；在经济学课程中，可以设置"红色经济思想"专题，探讨中国革命时期的经济思想和实践；在管理学课程中，可以设置"红色领导力"专题，研究中国革命时期的领导理论和实践。精心设计课程内容，可以使红色文化精神在专业课程中得到系统、深入的传播。

（3）红色文化精神的弘扬需要多样化的教学方法和手段。教师在授课过程中，可以通过案例分析、情景模拟等教学方法，增强课程的互动性和参与性。例如，在讲解红色文化精神中的集体主义精神时，可以通过案例分析，探讨中国革命时期的集体主义实践及其现实意义；在讲解红色文化精神中的奋斗精神时，可以通过情景模拟，让学生体验革命先烈的奋斗历程和精神境界。教师可以通过多样化的教学方法和手段，使红色文化精神在专业课程中得到生动、具体的体现。

（4）红色文化精神的弘扬需要课程评价体系的完善。在专业课程的评价体系中，可以设置红色文化精神相关的评价指标，并将其作为学生学习效果的重要考核内容。例如，可以通过课程论文、专题报告、课堂讨论等形式，考查学生对红色文化精神的理解和认同程度；可以通过社会实践和志愿服务等活动，考查学生在实际行动中践行红色文化精神的表现情况。完善课程评价体系，能使红色文化精神的弘扬具有可操作性和可评估性，增强教育效果。

（二）建设校园文化

校园文化建设在高校中外合作办学项目中具有重要的教育意义。它不仅是思想政治教育的重要载体，更是传承和弘扬红色文化精神的重要平台。可以通过科学规划和有效实施，将红色文化融入校园生活的方方面面，形成具有鲜明特色的红色校园文化氛围，培养学生的爱国主义精神和社会责任感。

1. 策划与实施红色文化活动

红色文化活动的策划与实施是校园文化建设的核心环节。可以通过丰富多彩的活动形式，让学生在参与中感受红色文化的魅力，增强对红色文化精神的认同感和使命感。

（1）红色文化活动的策划应注重多样性和参与性。活动的形式可以多种多样，如主题讲座、红色电影展映、革命歌曲比赛、红色诗词朗诵会等。利用多样化的活动形式，可以吸引学生积极参与，激发他们的兴趣和热情。同时，活动的策划应注重学生的参与性，鼓励学生在活动中担任组织者和策划者，增强他们的主体意识和组织能力。例如，学生可以组成红色文化社团，定期举办红色文化活动，在活动中学习和传承红色文化精神。

（2）红色文化活动的实施应注重互动性和教育性。在活动实施过程中，应注重师生互动和生生互动，因为互动可以增强活动的吸引力和教育效果。例如，在主题讲座中，可以设置互动环节，鼓励学生提出问题、发表看法，从而加深其对红色文化的理解和认同；在红色电影展映和红色文化展览中，可以设置讨论环节，鼓励学生交流观后感和观展体会，从而深化对红色文化精神的认识。此外，红色文化活动的实施应注重教育性，如通过活动传播红色文化知识，弘扬红色文化精神。例如，在红色诗词朗诵会上，可以邀请专家学者进行点评和讲解，使学生在朗诵中学习和感悟红色文化精神的内涵与价值。

（3）在红色文化活动中应设立评估与反馈机制。可以通过科学的评估和及时的反馈，不断优化活动的策划与实施，增强活动的教育实效性。例如，可以通过问卷调查、座谈会等形式，收集学生对活动的意见和建议，了解学生的参与情况和学习效果，根据反馈不断改进活动的策划和实施，增强活动的吸引力和教育效果。

2. 建设与维护红色文化设施

红色文化设施的建设与维护是校园文化建设的重要组成部分。可以通过建设与维护红色文化设施，为红色文化活动的开展提供物质保障，营造浓厚的红色文化氛围，增强学生的文化认同感和归属感。

（1）建设红色文化设施应注重整体规划和科学布局。在校园规划中，应将红色文化设施纳入整体规划，科学布局，合理配置。例如，可以在校园内建设红色文化广场、红色文化长廊、红色文化展馆等。通过科学规划和合理布局，红色文化设施将成为校园景观的重要组成部分，提升校园的文化品位和教育功能。同时，红色文化设施的设计应注重体现文化内涵，通过精心设计和艺术表现，展示红色文化的丰富内涵和独特魅力。

（2）红色文化设施的建设应注重实用性和多功能性。在建设红色文化设施时，应充分考虑其使用功能和教育功能。通过合理配置和多功能设计，不仅可以提高设施的使用效率，还可以增强教育效果。例如，红色文化展馆不仅可以展示红色文化展品，还可以设置多媒体教室、互动体验区等，为红色文化教育活动提供多功能场所；红色文化长廊不仅可以展示红色文化标语和图片，还可以设置休闲座椅、读书角等，为学生提供学习和休息的场所。提高设计的实用性和多功能性，可以使红色文化设施既具有展示功能，又具有教育功能和服务功能。

（3）对红色文化设施进行科学维护与有效管理。可以通过科学的维护和有效的管理，保证红色文化设施的长期使用和良好状态，发挥其应有的教育功能和文化功能。在维护和管理的过程中，应注重日常维护和定期检查，及时发现和解决设施的问题，保证设施的安全和使用效果。同时，应建立科学的管理制度和规范，明确管理责任和操作规程，通过规范管理可以提高设施的使用效率和管理水平。例如，可以建立红色文化设施管理委员会，负责设施的维护和管理。

3. 营造校园红色文化氛围

营造校园红色文化氛围是校园文化建设的目标。通过营造浓厚的红色文化氛围，学生可以在潜移默化中感受红色文化的熏陶，增强对红色文化精神的认同感。

（1）校园红色文化氛围的营造需要全员参与和全方位覆盖。红色文化氛围的营造不仅是学校管理部门的任务，更需要全体师生共同参与和努力。通过全员参与和全方位覆盖，可以形成浓厚的红色文化氛围，增强学生的文化认同感和归属感。例如，可以通过师生共同参与的红色文化活动、红色文化知识竞赛、红色文化主题班会等，增强师生对红色文化的了解和认同；也可以通过红色文化标语、红色文化展板、红色文化视频等形式的宣传，形成浓厚的红色文化氛围，使红色文化精神深入人心。

（2）校园红色文化氛围的营造需要创新形式和丰富内容。红色文化氛围的营造不仅要注重形式的多样化，更要注重内容的丰富性和教育性。例如，可以通过校园广播、校园电视、校园网站等媒介宣传红色文化精神，这种生动活泼的形式和丰富多彩的内容可以增强宣传效果与教育效果；可以通过红色文化社团等形式的活动，丰富红色文化氛围的内容，增强学生的参与感和体验感；创新形式和丰富内容，可以使营造的红色文化氛围更加生动、具体、有效。

（3）校园红色文化氛围的营造需要长效机制和持续推进。红色文化氛围的营造不是一朝一夕之功，而是需要长期坚持和持续推进。可以通过建立长效机制和持续推进，保证红色文化氛围的长期稳定和不断深化，增强学生对红色文化精神的认同感和使命感。在长效机制的建立过程中，应注重制度建设和机制创新，通过完善制度和创新机制，可以保证红色文化氛围的长期稳定和持续推进。例如，可以建立红色文化氛围建设工作组，负责红色文化氛围的营造和推进；可以制定红色文化氛围建设规划，明确目标任务和推进措施。

（三）在国际上传承红色文化

国际交流与合作是高校中外合作办学项目中红色资源和红色文化精神延续传承的重要路径。开展国际交流与合作，不仅可以拓宽学生的国际视野，增强其跨文化交流能力，更可以向国际社会传播红色文化精神，增强文化自信，实现中外文化的相互借鉴和融合。国际交流与合作在红色文化的国际传播与交流、中外合作项目中的文化互鉴，以及国际合作中的红色文化展示等方面，具有重要的现实意义。

1. 红色文化的国际传播与交流

红色文化的国际传播与交流是高校中外合作办学项目的重要任务。可以通过国际传播与交流，向世界展示中国革命的光辉历史和伟大成就，弘扬红色文化精神，增强国际社会对中国文化的理解和认同，提升中国的文化软实力和国际影响力。

（1）红色文化的国际传播与交流需要借助多种渠道和平台。高校可以通过国际学术会议、国际交流项目、国际文化节等，向国际社会传播红色文化精神。例如，可以在国际学术会议上设置红色文化专题，通过专家学者的交流与讨论，向国际学术界介绍和传播红色文化的内涵与价值；可以通过国际交流项目，邀请国际学生和学者来华参观红色文化遗址，开展红色文化研究与交流，增强他们对红色文化的了解和认同；在国际文化节上，可以通过展览、讲座、演出等形式，向国际社会展示红色文化的独特魅力和深厚底蕴。

（2）红色文化的国际传播与交流需要注重内容的本土化和国际化结合。在传播红色文化时，需要考虑国际受众的文化背景和认知习惯。通过本土化和国际化的结合，红色文化的传播将更具针对性和实效性。例如，在传播红色文化时，可以将红色文化的历史背景和现实意义与国际社会关注的热点问题相结合，通过对比分析，增强国际受众的理解和认同；可以进行多语言翻译和本土化改编，这样红色文化的传播内容更加贴近国际受众的语言习惯和文化背景，从而增强传播效果。

（3）红色文化的国际传播与交流需要借助现代科技和新媒体手段。现代科技和新媒体的发展，为红色文化的国际传播与交流提供了新的机遇和手段。例如，可以通过互联网和社交媒体平台，开设红色文化的多语言网站和社交媒体账号，采用图文、视频、音频等形式，向国际社会传播红色文化精神；可以通过虚拟现实技术和增强现实技术，制作红色文化的虚拟展览和互动体验项目，让国际受众通过虚拟参观和互动体验，感受红色文化的独特魅力和深厚底蕴。借助现代科技和新媒体手段，可以突破时间和空间的限制，增强红色文化的传播效果和扩大其国际影响力。

2. 中外合作项目中的文化互鉴

中外合作项目中的文化互鉴是高校中外合作办学项目的重要特色。可以通过文化互鉴，实现中外文化的相互借鉴和融合，增强学生的跨文化交流能力，促进不同文化之间的理解和认同，推动中外合作办学项目的深入发展。

（1）文化互鉴需要注重平等交流和相互尊重。在中外合作项目中，不同文化之间的交流应建立在平等和相互尊重的基础上，通过平等交流和相互尊重，实现文化的相互借鉴和融合。例如，在中外合作办学项目的课程设置中，可以引入优秀文化课程，通过课程的交流与互鉴，让学生在学习中了解和尊重不同文化的价值观；在中外师生的交流与互动中，可以通过交流活动、文化体验等形式，增强师生之间的相互了解和尊重，促进不同文化之间的理解和认同。

（2）文化互鉴需要注重多样化和创新性。在中外合作项目中，不同文化之间的互鉴应注重形式的多样化和内容的创新性，因为多样化的形式和创新性的内容可以增强文化互鉴的吸引力与实效性。例如，在中外合作办学项目的文化活动中，可以通过文化展览、文化讲座、文化体验等形式，展示和传播优秀文化，增强学生的参与感和体验感；在中外合作办学项目的教学内容中，可以通过案例教学、项目教学、互动教学等创新性教学方法，增强学生对不同文化的理解和认同，提升文化互鉴的实效性。

（3）文化互鉴需要注重实际效果和长效机制。在中外合作项目中，不同文化之间的互鉴应注重实际效果和长效机制。科学的评估和有效的机制可以保证文化互鉴的长期稳定与深入发展。例如，可以通过问卷调查、座谈会等形式，收集学生和教师对文化互鉴活动的意见与建议，了解文化互鉴的实际效果，不断优化文化互鉴的内容和形式；可以建立中外文化互鉴工作组，负责文化互鉴活动的策划与实施，通过规范管理和持续推进来保证文化互鉴的长期稳定和深入发展。

3. 国际合作中的红色文化展示

国际合作中的红色文化展示是高校中外合作办学项目的重要内容。可以通过红色文化的展示，向国际社会展示中国革命的光辉历史和伟大成就，弘扬红色文化精神，增强国际社会对中国文化的理解和认同，提升中国的文化软实力和国际影响力。

（1）红色文化展示需要注重主题策划和内容设计。在国际合作的红色文化展示活动中，主题策划和内容设计是关键环节，可以通过科学的主题策划和精心的内容设计，增强展示活动的吸引力和教育效果。例如，在红色文化展览中，可以通过主题展览、专题展览等形式展示中国革命的历史背景和伟大成就，也可以通过精心的内容设计和艺术表现展示红色文化的丰富内涵和独特魅力；在红色文化讲座中，可以邀请专家学者，通过讲解和互动向国际社会介绍红色文化的历史背景与现实意义，也可以通过科学的主题策划和精心的内容设计增强展示活动的教育效果与文化影响力。

（2）红色文化展示需要借助多种媒介和平台。在国际合作的红色文化展示活动中，可以通过多样化的形式和多元化的渠道，向国际社会展示红色文化精神。借助多种媒介和平台，可以突破时间和空间的限制，提升红色文化展示的效果和国际影响力。

（3）红色文化展示需要注重交流互动和教育推广。在国际合作的红色文化展示活动中，应注重交流互动和教育推广。通过交流互动和教育推广，可以增强展示活动的参与感和教育效果。例如，可以在红色文化展览中设置互动体验区，让国际受众通过互动体验，感受红色文化的独特魅力和深厚底蕴；可以在红色文化讲座中设置互动环节，让国际受众通过提问和交流，加深对红色文化的理解和认同；可以通过教育推广活动，将红色文化的展示与教育相结合，如可以采用教材编写、课程设置等方式，将红色文化精神融入国际教育体系，增强红色文化展示的教育效果和文化影响力。

第三节　社会主义核心价值观的思想引领

社会主义核心价值观反映了全体中国人民的心声，体现了时代精神的精华，浓缩了社会主义社会的价值理想，其表述简洁明快、通俗易懂，便于普及、易于践行，更有利于生产力发展和社会全面进步。社会主义核心价值观对提升中华文化软实力，增强中华民族凝聚力和向心力，提升党的执政能力建设具有重大意义。

一、社会主义核心价值观的基本认知

核心价值观是居于主流地位的价值观，是与整个社会占主体地位的经济基础相适应并有助于维护促进其发展的价值选择和判断。核心价值观是社会意识形态的本质体现，反映了经济社会发展乃至时代进步的必然要求，因而决定了一个社会的发展方向和根本价值内涵，这也是核心价值观与一般价值观的根本区别。与此同时，特定社会中的核心价值观在整个社会价值体系中处于主导地位，发挥着对其他价值观引领、规范和整合的功能。

社会主义核心价值观不只是某个方面、某个领域的观点和价值判断，即它不是单一的价值观，更多的时候表现为一个价值观体系。就社会主义核心价值观与核心价值体系的关系来讲，社会主义核心价值观既是对核心价值体系的凝练与概括，也是对核心价值体系的具体表述。社会主义核心价值观思想可以总结归纳为以下三个方面：

第一，为广大劳动人民谋取利益的价值取向。为广大劳动人民谋取利益是社会主义核心价值观的鲜明取向。无产阶级政党把自己当作为广大劳动人民群众和工人阶级追求解放、谋取福利的有力工具，工人阶级政党除了工人阶级和广大劳动人民群众的福祉之外，没有任何自身政党的特殊利益。

第二，实现人的自由而全面发展的终极价值目标。无产阶级运动是为了全人类的解放，为了人类当中的大多数人可以获得幸福，为了让社会中没有阶级的差别，也是为了建设一个可以让人实现自由发展、全面发展的和谐社会。社会主义发展的最高价值就是实现人的全面自由发展，这也是所有社会主义国家要达到的最高理想。所以，社会主义在确定自身的价值体系需求、进行价值创造的过程中会把人的自由全面发展作为基本的指导方向。

第三，唯物史观视野下的价值实现路径。未来社会人类真正自由而全面发展不是凭空实现的，更不可能通过简单的道德或理论说教就能实现，而是需要强大的生产力和丰富的物质材料作为支撑。否则，价值追求就只能成为不切实际的空谈和幻想。

（一）社会主义核心价值观教育的内容

社会主义核心价值观教育属于实用性科学，而非纯理论性的研究，可以用来解决思想问题。大学生之所以要践行社会主义核心价值观，不仅是要体现社会主义核心价值观的价值，还要使其与教育相结合形成一股合力，产生一加一大于二的效果。

社会主义核心价值观根植于改革开放的成功实践，这是全国人民都认同的理想观念，是与时代发展同步的，充满了中国特色。社会主义核心价值观便于记忆，有很强的凝聚性，自成体系。三个倡导分别从国家、社会和个人三个层面，对社会主义的价值目标、准则及导向进行了明确。

1. 富强、民主、文明、和谐

"富强、民主、文明、和谐"居于社会主义核心价值观的主导地位，为我国社会主义建设指明了方向，反映了当前我国全体人民的价值取向和理想。"富强、民主、文明、和谐"是从整体上对我国的政治、经济、文化及社会提出的要求。国富则民强，民强则国盛，国家和人民之间有着密切的联系。这就意味着要加快经济与生产力的发展速度，让我国的综合国力变得更强，最终实现共同富裕。我国是人民民主专政的社会主义国家，人民才是国家的主人，应加强社会主义民主政治建设，让人民更好地行使自己的民主权利。"文明"就是要让公民具备更高的文化水平，提高自身的素质，让物质文明和精神文明实现统一，让我国成为社会主义文化强国。"和谐"就是让人与社会、人与自然和谐相处，从而让人实现全面发展。从本质上看，政治、经济、文化及社会其实是一个整体。

2. 自由、平等、公正、法治

公民权利是受到法律保护的，每个公民都享有人身自由，国家会保证人民实现自由且全面的发展。要想建造一个自由的国家，就要提高人民的积极性，发挥他们的创造力。"平等"指的是人们在法律、机会和权利等方面都是平等的。平等是"公正"与"法治"的基础，只有实现了平等，才能保证公平正义，全面推进依法治国，才能让每个公民都具备良好的法律意识，共筑时代精神。

3. 爱国、敬业、诚信、友善

和谐的社会、完善的制度和富强的国家都需要高素质的人民。每个国家都需要民族凝聚力，需要自己的人民具备爱国主义精神，否则国将不国。每个人在对待自己的事业时都要有奉献精神，爱岗敬业，踏踏实实做事，认认真真做人，诚实守信，不欺不骗，以诚待人，友善共处，这样才能让我们的民族永远延续下去，活力永驻。

社会主义核心价值观从三个"倡导"出发，将价值要求通过国家、社会和个人这三个不同的层面展现出来，其中，国家要以"富强、民主、文明、和谐"为终极目标，社会要通过"自由、平等、公正、法治"得到进步与发展，个人要以"爱国、敬业、诚信、友善"为发展前提。上述三者之间有着十分紧密的联系，它们会相互作用和影响，所以要用辩证的眼光看待。在对大学生实施社会主义核心价值观教育时要将这三个"倡导"看作一个整体，对其进行全面的把握。

（二）社会主义核心价值观的价值目标

1．确立集体主义价值观

从实际生活中可以发现，集体主义和个人主义是相得益彰的。尽管国家和集体的利益是集体主义价值观的重点所在，但这并不意味着就要完全放弃个人利益，因为集体是由个人构成的。"家"和"国"是我国从古至今一直都有的集体主义价值观，而中华民族正是因为继承了这种传统价值观，才能够一往无前，战胜一切困难。在社会主义核心价值观中，集体主义精神既不偏向于集体利益，也不偏向于个人利益，而是让二者达到统一。我国在现阶段依然坚持社会主义公有制的主体地位，实行人民代表大会制度，无论是从经济还是政治上都为确定社会主义和集体主义打下了基础。提高现代大学生的集体主义意识能够很好地体现出"爱国、敬业"精神。

2．树立"法治"社会主义核心价值观

我国在党的领导下实行人民当家作主和依法治国。既不以人治国，也不以德治国，而是依法治国，通过法律对政治、经济、文化、社会进行管理，不随意改变国家的法律和制度。在法治社会，除了要建立健全法律制度，还需要提高人们的法治意识，每个人都应该了解和尊重法律，学会用法律保护自己。

大学生是我国未来的希望，他们是否遵纪守法也会对我国的法治建设产生一定的影响。所以，既要让大学生了解和尊重法律，也要通过高校让大学生学法守法。要将法治观念传播到每一件小事中，从遵守纪律到遵守制度再到遵守法律，严格要求自己，让大学生有良好的法治观，进而加快实现"自由与平等"，保证社会的稳定发展。

3．树立"民主"社会主义核心价值观

民主指的就是人民当家作主。人类从来没有放弃对民主的追求。民主属于意识形态，取决于经济基础。从经济制度上看，社会主义不同于资本主义，因此二者有着不同的民主内容、民主本质和形式。可以说，世界上没有一模一样的民主模式，即使是在同一个国家，民主也会发生变化，经济和人的素质都在不断地改变。

我国是人民民主专政的社会主义国家，国家的一切权力属于人民，人民代表

大会制度代表着我国由人民做主，生产资料公有制是我国社会经济制度的基础，这就意味着最大的受益者是人民。我国的生产力水平一直在进步与发展，人民有了更强的民主意识，民主的制度和形式也在不断健全。要不断提高大学生的社会主义民主价值观，因为大学生是我国民主建设不可缺少的力量，这也是社会发展对大学生提出的要求。

4. 树立"诚信"社会主义核心价值观

中华民族素来就有诚实守信的美德。儒家提出的"仁义礼智信"就是在告诉人们怎样做人和做事，要求人们做人一定要诚信，要有君子之德。诚信是我国一直以来的美德，即便到了全球化的今天，诚信也是每个人都要做到的。我国的社会主义市场经济要求每个人都要讲诚信，尤其是大学生，他们肩负着建设社会主义的重要责任，所以也要遵循市场经济提出的要求。市场经济的重点在于平等、信誉和竞争，看重的是质量。因此，人要想在市场经济中求得生存和发展，就必须做到诚实守信，讲求信誉。

5. 树立"友善"社会主义核心价值观

首先要做到互帮互爱及团结协作。当代大学生必须有团结协作的精神。社会的高速发展让每个行业都有了越来越激烈的竞争，人们只有团结协作，才能实现个人、社会及国家的发展。在组织大学生进行社会主义核心价值观教育时，教育工作者要作好安排，通过实践巩固理论，开展的各种实践活动都要紧紧围绕社会主义核心价值观，发挥团结协作的作用，让大学生意识到团结协作的重要性，进而提高他们的团结协作意识。大学生要学会思考和解决问题，为社会贡献自己的力量。提高大学生的社会责任意识，让他们感受到集体的作用与力量，并从中获得成就感和归属感，充分体会到社会主义核心价值观所展现的意义，进而领略到社会主义核心价值观的魅力所在；用社会主义核心价值观作为沟通的桥梁，团结所有大学生为实现中华民族伟大复兴的中国梦而努力。

（三）社会主义核心价值观的育人载体

数字媒体时代的到来，在助力经济全球化的同时更加速了文化的全球化。这一时代背景对一个国家的民族文化、民族信仰、意识形态等方面的冲击是巨大而深邃的，这给一个国家国民的价值观教育既带来了难得的机遇，也带来了严峻的挑战。大学生是民族复兴的希望和栋梁，所以必须在高校大力贯彻实施社会主义核心价值观教育，提倡主流价值观。

社会主义核心价值观在高校的培育和践行是一项系统而持久的教育工程。这项工程的成功构建既需要继续发挥传统载体的历史优势，又需要借助新兴载体的现代功能。为此，必须对思想政治理论课、专业课、校园环境等传统载体和手机、网络等新兴载体，在社会主义核心价值观教育方面的利弊得失进行仔细分析、详细论证，才能让二者扬长避短，有效发挥社会主义核心价值观的育人功能。

传统载体和新兴载体在社会主义核心价值观教育上，既各具优势又各有不足。校园环境、课堂教学和实践活动等传统载体为社会主义核心价值观教育提供了必不可少的教育环体和介体。它们为大学生的价值观教育，既提供了理论学习的空间又提供了行为实践的平台，既提供了人格涵化的环境又提供了社会化的践行路径。新兴载体的应用为社会主义核心价值观教育提供了更丰富的教育路径、更灵活多变的教育环境、更广泛的教育空间，但它也必须克服自身存在的教育主体的"去中心化"，教育信息的"碎片化"，教育客体的"分众化"等问题。因此，只有在权衡二者利弊得失的基础上寻找优势互补的路径才能在双方显隐相补、动静相成、虚实结合中，巩固高校社会主义核心价值观教育的话语权、管理权和领导权。

1. 传统载体

教育主体、教育客体、教育介体和教育环体是实现教育活动必不可少的四个要素，社会主义核心价值观教育的实现也不例外。大学校园是教育主体与教育客体活动的环体场域，而课堂和实践活动则是二者相互作用、相辅相成的教育介体。传统载体在社会主义核心价值观教育过程中具有无可替代的作用。

（1）课堂教学——社会主义核心价值观教育中必不可少的显性教育载体。显性教育是指教育主体有意识、有计划、有目标地对教育客体进行直接的、外显的教育，具有条件可靠、效率显著的优势。在大学里，无论是思想政治理论课的传授还是专业理论知识的习得，面对面的传统课堂教学都是显性教育的主要途径。无论是从知识理论科学系统的传授而言还是就教学的机动性而言，课堂这一载体都具有不可多得的优势。

（2）校园环境——社会主义核心价值观教育中不可或缺的隐性教育载体。隐性教育是指借助教育环体、间接的教育介体等，间接地和无意识地对教育客体进行的一种内隐的教育，具有陶冶情操、内化的优势。无论是校园建筑、绿化、基础设施等物质环境，还是校风校训、教风学风、管理理念、规章制度等精神环境，都是社会主义核心价值观教育"春风化雨"的隐性教育阵地。

（3）实践活动——社会主义核心价值观教育中无可比拟的社会化教育载

体。社会化是指个体在与社会环境相互作用的基础上接受并认同社会价值体系、行为规范并内化于心的过程。在这个过程中既需要有个体对教育活动的价值体系、行为规范、生产技能等的感受和接受，也需要有个体与对应的社会环境相互作用的内化和检验。高校的实践活动可以将二者有机统一起来，使大学生在从自然人向社会人的转化过程中实现社会主义核心价值观从理论认同到行为认同的转化。

课堂教学、校园环境和实践活动作为传统的教育载体，虽然在落实核心价值观教育、培育合格的社会主义接班人方面各有千秋，但是在瞬息万变的数字媒体时代，它们要更好地发挥特色优势，就必须直面网络带来的各种挑战，不断取长补短，推陈出新。

2. 新兴载体

新兴载体为高校社会主义核心价值观的培育提供了丰富生动的网络教育路径。高校的教育路径主要表现为课堂教学、专题讲座、社团活动等。显性教育的突出优势是时间集中，知识传授较系统，信息传输效率高、收效快，因而课堂教学仍是高校最主要的教育路径。不过，数字媒体的出现使教育路径变得丰富生动起来。

（1）课堂形式具有多样性。在数字媒体的技术支持下出现了远程课堂、微课、慕课等多种形式。与传统课堂相比，这些课堂形式更具针对性，更能满足主体发展的层次性需求。例如，已经工作无法离开工作岗位但又想接受大学或专业培训领域系统的专业知识的人，可以选择相应领域的远程课堂并接受相应的网络测试获得相应的专业证书；在校大学生若想及时突破和解决课堂上的疑难点，可以选择微课。

（2）教学内容具有生动性。相较于传统课堂黑板的平面传达，数字媒体集声、光、图、电于一体，教育信息可以立体化地、形象逼真地呈现在教育客体面前，借此抽象的知识能变得感性易懂，学生的学习积极性也容易被调动起来。在数字媒体技术下，视觉、听觉等多方面组合对大脑神经刺激的强度比单纯的听觉刺激要大得多。

（3）教育信息获取源具有丰富性。网络具有汇聚功能，个体只要在搜索引擎中输入想要查找的疑难问题的关键词，就可以迅速获得与之相关的各种信息，它们或者来源于权威期刊，或者来源于专家学者的博客，或者来源于网友的转载等，个体可以根据需要在这些信息源中进行信息的取舍。

3．传统载体与新兴载体的融合应用

（1）借力使力，显隐结合，严守校园社会主义核心价值观教育的话语权。高校思想政治理论课在系统的显性理论灌输、掌握社会主义核心价值观的话语权方面具有不可替代的优势，如可以帮助学生了解国史国情，全面掌握中国特色社会主义理论，以及增强社会主义核心价值观的理论认同。由于课堂教学方式的相对单一，因此在激发学生的学习兴趣、学习热情方面明显动力不足。数字媒体这一新兴载体丰富生动的教育路径正好可以弥补课堂教学的不足。为此，可以努力尝试探索二者的最佳组合路径，以巩固社会主义核心价值观在校园的话语权。

（2）监管并重，动静结合，增强校园核心价值观教育的管理权。校园里静置的人文景观会默默地传达历史的凝重，这种静默在数字媒体时代遭遇到灵活多变的网络的挑战。任何事物都有其两面性，所以要辩证地分析网络的灵活多变：一方面，静默的人文、凝重的历史可以借助数字媒体动感十足地呈现在学生面前，增强高校人文精神的涵化育人效果；另一方面，要注意到这种灵活性带来的泥沙具有的碎片信息的驳杂，这种混淆视听为高校的社会主义核心价值观教育和校园人文的涵化带来了危机。这就要求高校趋利避害，在加强校园网络监管的基础上，增强核心价值观教育的管理权。

外界环境是影响主流思想信息选择和摄取的基本因素。网络环境是校园环境的重要组成部分，因而校园网络环境的健康程度直接影响学生对主流意识形态及社会主义核心价值观相关信息的摄取取向和摄取量。为此，必须严格加强网络监管。高校可以利用互联网接入校园网的端口设置防火墙、信息自动净化拦截程序等，从信息源头上将不良社会信息屏蔽阻隔在学生视野之外。同时，还要建立网络舆情反应机制，随时对校园网内的舆情进行监管引导，掌握信息管理的主动权。这就要求高校建立一支思想过硬又精通数字媒体技术、媒介素养优秀的网络舆情监督队伍，利用微博、微信、小红书、抖音等学生热衷的交流平台随时关注校园舆情动态，制定相应的干预政策。或者链接权威媒体辟谣，或者邀请专业人士解析社会焦点，或者扮演校园网络"大V"引发网络批判讨论，时刻掌握舆论主动权，捍卫校园网络信息管理权。

加强校园人文和数字媒体的结合，提高主体媒介素养及监管网络环境有益于帮助大学生突破网络碎片信息的包围，强化校园社会主义核心价值观教育的管理权；一动一静有机组合，有利于社会主义核心价值观在刚柔有度、动静相宜间隐性植入教育客体。

二、社会主义核心价值观在合作办学项目中的思想引领

(一) 思想引领的重要性与必要性

1. 思想引领的重要性

思想引领在教育体系中占据核心地位,特别是在高校中外合作办学项目中,其重要性更为突出。思想引领不仅是教育工作的重要组成部分,更是培养学生正确世界观、人生观和价值观的关键途径。在全球化背景下,中外合作办学项目面临多元文化的碰撞和融合。

(1) 思想引领是维护国家意识形态安全的重要保障。中外合作办学项目的学生会接触到多元文化和不同的思想观念,如果没有正确的思想引领,他们容易受到西方意识形态的影响,偏离社会主义核心价值观的轨道。可以通过思想引领,确保学生在多元文化环境中保持正确的政治方向和价值取向,坚定对中国特色社会主义的信念。

(2) 思想引领是促进学生全面发展的重要途径。高校教育不仅要传授知识和技能,更要注重学生思想品德和综合素质的培养。可以通过思想引领,帮助学生树立正确的价值观和行为准则,培养他们的社会责任感和使命感,从而促进其全面发展。

(3) 思想引领是实现教育目标的重要手段。高校教育的根本任务是培养社会主义建设者和接班人,思想引领能够引导学生树立正确的理想信念,激发他们为实现中华民族伟大复兴的中国梦而努力奋斗。

2. 思想引领的必要性

思想引领的必要性在于其对教育目标实现的不可或缺性。在高校中外合作办学项目中,学生面临的文化冲击和思想挑战更复杂,思想引领的必要性主要体现在以下三个方面:

(1) 思想引领是应对文化冲击的必然要求。中外合作办学项目的学生处在不同文化交汇的环境中,容易受到多元文化的影响和冲击。如果缺乏有效的思想引领,学生可能会在文化认同上产生困惑和矛盾,甚至导致思想上的混乱。通过思想引领,学生可以正确认识和处理不同文化之间的关系,增强文化自信和价值观念的坚定性。

(2) 思想引领是培养国际化人才的迫切需求。中外合作办学项目旨在培养具有国际视野和跨文化交流能力的高素质人才。思想引领能够引导学生在吸收外

来文化的同时，坚守本国的价值观和文化传统，从而实现国际化人才的培养目标。

（3）思想引领是提升教育质量的重要保障。思想引领贯穿教育教学的各个环节，通过课程设置、教学内容、教学方法等方面的创新和改进，可以提高教育质量和增强教学效果。思想引领还可以通过校园文化建设、课外活动和社会实践等途径，提升学生的思想政治素质和综合能力，从而确保教育质量的全面提升。

（二）思想引领的主要策略

在高校中外合作办学项目中，思想引领是确保学生在多元文化环境中保持正确价值观和政治方向的关键手段。为了实现这个目标，需要在教师队伍建设、课程体系优化和校园文化建设等方面采取一系列有效的策略。这些策略不仅有助于增强思想政治教育的效果，还能为培养全面发展的国际化人才提供坚实的保障。

1. 教师队伍建设

教师是思想引领的主导力量，他们的思想政治素质和教育教学能力直接影响思想政治教育的效果。教师队伍建设包括提升教师思想政治素质、加强教学能力培训和优化教学团队配置。

（1）提升教师思想政治素质。教师的思想政治素质是思想引领工作的基础。高校应通过系统的政治理论学习和培训，提升教师对中国特色社会主义理论体系的理解和认同，使其能够准确把握思想政治教育的方向和内容。可以通过定期组织教师参加政治学习、理论研讨和专题讲座等活动，加强其对马克思主义理论、习近平新时代中国特色社会主义思想等核心理论的学习和研究，提高其政治觉悟和理论水平。

（2）加强教学能力培训。教学能力是教师开展思想引领工作的关键。高校应通过多种形式的培训和实践，提高教师的教学能力和水平。可以组织教师参加国内外的学术交流和培训，学习先进的教育理念和教学方法，提升教学的创新能力。同时，应鼓励教师进行教学改革和实践探索，通过案例教学、讨论教学、情景教学等方式，提高课堂教学的吸引力和实效性。

（3）优化教学团队配置。优化教学团队配置是增强思想引领效果的重要保障。高校应注重教师团队的多样性和协作性，合理配置中外教师资源，形成优势互补的教学团队。可以通过引进具有国际视野和丰富教学经验的外籍教师，提升教学团队的国际化水平。同时，应鼓励中外教师之间的交流和合作，通过共同备课、联合授课等形式，促进教学理念和方法的融合，提高教学质量和增强教学效果。

2. 课程体系优化

课程体系是思想引领的重要载体，可以通过科学合理的课程设置，将思想政治教育贯穿在学生的学习和生活中。优化课程体系包括整合课程内容、调整课程结构和改进课程评价。

（1）整合课程内容。整合课程内容是优化课程体系的核心。高校应根据社会主义核心价值观的要求，系统整合思想政治理论课和专业课程的内容，使思想政治教育融入各门课程中。可以在课程设计中注重课程内容的时代性和针对性，结合国际形势和国内实际，选取具有现实意义和教育价值的案例与材料，使课程内容更加丰富和生动。同时，应注重课程内容的多样性和层次性，根据学生的不同专业和年级，设置不同层次和类型的思想政治教育内容，满足学生的多样化需求。

（2）调整课程结构。调整课程结构是优化课程体系的保障。高校应根据思想政治教育的需要，科学调整课程的比例和结构，确保思想政治教育课在课程体系中的合理地位和作用。可以通过增加思想政治理论课的学分和课时，增强思想政治教育的系统性。同时，应注重专业课程与思想政治教育课的有机结合，通过跨学科课程和综合课程的设置，促进不同课程之间的联系和融合，增强课程的整体效果。

（3）改进课程评价。改进课程评价是优化课程体系的重要手段。高校应建立科学合理的课程评价体系，通过多维度、多层次的评价方式，全面评估课程的教学效果和学生的学习效果。可以通过引入过程评价、结果评价和多主体评价等方式，全面了解和掌握学生在思想政治教育中的表现与进步。应注重学生的思想政治素质、综合能力和实际表现，促进学生全面发展。同时，应通过课程评价的反馈机制，及时改进和完善课程内容和教学方法，提高课程的实效性和吸引力。

3. 校园文化建设

校园文化可以为思想引领提供重要的环境。可以通过营造积极向上的校园文化，潜移默化地影响学生的思想和行为。校园文化建设包括优化校园环境、开展文化活动和传承与创新校园文化。

（1）优化校园环境。校园环境是校园文化建设的基础，高校应通过优化校园环境，营造浓厚的文化氛围和良好的育人环境。如可以通过校园绿化、美化和环境整治，提高校园的美观度和舒适度，为学生创造良好的学习和生活环境。同时，应注重校园环境的文化氛围建设，如可以通过设置宣传栏、标语、雕塑等形式，宣传社会主义核心价值观和中华优秀传统文化，使学生在潜移默化中受到思想政治教育的影响和熏陶。

（2）开展文化活动。文化活动是校园文化建设的重要载体，可以通过丰富多彩的文化活动，提升学生的思想政治素质和综合能力。高校应积极组织和开展各种形式的文化活动，如讲座、报告会、文艺演出、体育比赛等，增强学生的集体意识和社会责任感。特别是应注重思想政治教育主题活动的开展，通过组织学生参加社会实践、志愿服务等活动，增强其服务意识。

（3）传承与创新校园文化。高校应注重传承中华优秀传统文化，弘扬社会主义核心价值观，同时积极创新校园文化的形式和内容。可以通过挖掘和传承校史校训、校风校纪等优良传统，增强学生的历史责任感和文化认同感。同时，应结合时代发展和学生需求，不断创新校园文化的形式和内容，通过新媒体、网络平台等现代手段，增强校园文化的吸引力和影响力。

（三）思想引领的实施路径

思想引领在高校中外合作办学项目中的重要性毋庸置疑。然而，实现有效的思想引领，需要从多个方面入手，构建系统化的实施路径。制度保障、教育方法创新、国际交流与合作是其中极其重要的三个维度。这些路径相互关联，构成了一个完整的思想引领体系，可以为培养具有社会主义核心价值观的国际化人才提供有力支撑。

1. 制度保障

制度保障是思想引领工作的基石。只有通过科学合理的制度设计，才能确保思想引领工作有章可循、稳步推进。

（1）制度设计与完善。高校应制定和完善思想引领相关的规章制度，明确各级各类思想引领工作的职责、内容和标准。例如，可以制定《高校思想政治工作条例》，明确学校、学院、教师和学生在思想引领工作中的职责与任务，确保各项工作有条不紊地进行。此外，还应制定思想政治教育考核与评价制度，将思想引领工作纳入教师考核、学生评价和学校评估体系，形成有效的激励和约束机制。

（2）机构设置与职责。为了保障思想引领工作的有效开展，高校应设立专门的思想政治教育机构，明确其职能和职责。可以在学校层面设立思想政治教育中心，负责统筹全校的思想引领工作；在学院层面设立思想政治工作办公室，具体落实思想政治教育的各项任务。同时，还应设立专兼职相结合的思想政治工作队伍，确保有足够的人力资源来开展思想引领工作。

（3）资源配置与保障。制度保障的另一个重要方面是资源配置。高校应在经费、设施、信息等方面为思想引领工作提供充分保障。可以通过设立专项经费，支持思想政治教育的各项活动和项目；通过建设专门的思想政治教育场馆和设施，为思想引领工作提供良好的硬件条件；通过建立思想政治教育信息平台，提供丰富的学习资源和信息支持，增强思想引领工作的效果和影响力。

2. 教育方法创新

教育方法创新是思想引领工作的重要推动力。可以通过不断创新教育方法，增强思想引领工作的吸引力和实效性。

（1）丰富教学内容。高校应不断丰富和更新思想政治教育的教学内容，使其更具时代性和针对性。可以结合国内外形势的发展变化，及时更新教学内容，确保思想引领工作的前瞻性和现实性。同时，应注重将社会主义核心价值观融入各门课程的教学内容中，实现课程思政的目标，使思想引领工作贯穿学生的整个学习过程。

（2）探索和采用多种教学方法。教学方法的多样化是增强思想引领工作吸引力的重要途径。高校应积极探索和采用多种教学方法，如案例教学、讨论教学、情景教学等，以增强教学的互动性和参与性。同时，还可以通过组织讲座、报告会、研讨会等形式，丰富思想政治教育的形式和内容，激发学生的学习兴趣。此外，利用现代信息技术和新媒体手段，如网络课程、虚拟课堂、在线讨论等，也可以有效增强思想引领工作的效果。

（3）深化与拓展实践教学。实践教学是思想引领工作的有效途径。高校应通过开展丰富多彩的社会实践活动，增强学生的社会责任感和实践能力。例如，可以组织学生参加社会调研、实习实践等活动，使他们在实践中加深对社会主义核心价值观的理解和认同。同时，还应注重将思想政治教育与专业实践相结合，通过专业实习、项目研究等形式，使学生在实践中树立正确的职业观和价值观。

3. 国际交流与合作

国际交流与合作是中外合作办学项目的重要特色，也是思想引领工作的重要内容。可以通过国际交流与合作，拓宽学生的国际视野，增强他们的跨文化理解和交流能力，同时也可以将社会主义核心价值观传播到国际社会。

（1）加大国际化教育资源的引入力度。高校应积极引进国际化的教育资源，提升办学水平和国际竞争力。例如，可以引进国外教学方法和教育理念，丰富教学内容和形式；可以邀请国外知名学者和专家来校讲学，提升教学质量和学术水平；可以通过国际合作项目，提升学生的实践能力和素养。

（2）促进中外教师的交流与合作。中外教师的交流与合作是国际交流与合作的重要内容。高校应积极促进中外教师之间的学术交流，增强双方的相互了解和借鉴。例如，可以通过联合研究项目、合作教学等形式，促进中外教师之间的学术交流和合作；可以通过教师交流计划，选派教师赴国外学习和交流，提升他们的国际化水平和教学能力。同时，还应鼓励中外教师共同参与思想政治教育的研究和实践，以提升思想引领工作的国际化水平和实效性。

（3）增强学生的国际交流与合作。学生的国际交流与合作是思想引领工作的重要内容。高校应通过多种形式，加强学生的国际交流与合作，提升他们的跨文化理解能力。例如，可以通过学生交换计划，选派学生赴国外学习和交流，提升他们的国际化素养和实践能力；可以通过国际学术交流活动，增强学生的学术交流和合作能力；可以通过组织国际志愿服务和社会实践活动，增强学生的社会责任感，拓宽他们的国际视野。同时，还应注重在国际交流与合作中，提升中国文化和价值观的国际影响力。

第六章 高校中外合作办学项目学生思想政治教育的实践探索

第一节 高校中外合作办学项目学生思想政治教育的"三全育人"模式探索

一、高校中外合作办学项目"三全育人"模式的必要性

我国高校中外合作办学取得了长足的发展，已成为我国高等教育事业的重要组成部分。在中外合作办学项目中，学生思想政治教育实行"三全育人"（全员育人、全程育人、全方位育人）模式十分必要。这种模式不仅是对立德树人任务的落实，更是对当代高校教育形势下的挑战和需求的有力回应。

首先，中外合作办学项目面临着两种不同教育理念和目标的碰撞。我国高校在开展合作办学项目时，以培养具有国际视野和竞争力的人才为目标，强调德才兼备、具有国际化视野的人才培养。外方合作伙伴则更关注知名度、影响力和经济利益，同时会带入其特有的教育理念和文化观念。在这种情况下，构建"三全育人"模式，可以有效整合双方资源，实现协同育人，使学生在接受国际化教育的同时，树立正确的思想观念和价值取向。

其次，中外合作办学项目常常存在传统教育模式与外方教学模式的冲突。这种冲突可能导致学生学习压力增加，尤其是对于那些习惯传统教育方式的学生来说。在中外合作办学环境下，学生需要具备更强的自我约束和学习能力。"三全育人"模式，可以为学生提供更全面的学习指导和支持，帮助他们适应多样化的教学模式，提高学习效率，缓解学习压力。

最后，中外合作办学项目的学生往往面临多种价值观和多元文化的冲击，容易产生迷茫。在信息大爆炸的时代，学生面临着各种文化观念的碰撞和冲击，思维和价值观也变得更加多元。外籍教师带来的不同文化和价值观更会对学生的思想观念产生影响。在这种情况下，"三全育人"模式，可以引导学生正确对待不同文化和价值观，坚守社会主义核心价值观，提升其道德素养和价值认同能力，

从而使他们在多元文化的环境中立足。

因此，在中外合作办学项目中实行"三全育人"模式是非常必要的。它不仅能有力应对不同教育理念和目标的碰撞，缓解传统教育模式和外方教学模式的冲突，还能帮助学生正确应对多元文化和多种价值观的冲击，提升其思想觉悟和文化素养，从而更好地适应国际化教育的要求。

二、高校中外合作办学"三全育人"协同机制优化途径

（一）顶层设计落实育人责任，保障育人效果

在高校中外合作办学项目中，学生思想政治教育的"三全育人"模式需要通过顶层设计来落实育人责任，以保障育人效果。协同育人机制的顶层设计是推动该模式顺利实施的重要动力。

首先，顶层规划是协同育人的原动力。在中外合作办学项目中，顶层设计需要考虑整合中外教育资源，确定培养目标，构建符合合作办学特点的育人机制。制定合适的培养目标是顶层设计的核心。必须综合考虑中外教育理念的差异，确定以培养德才兼备、具有国际视野和担当精神的人才为目标。同时，协同育人的中心环节应当是探索科学的社会主义核心价值体系教育，加强中西方文化的比较，培养学生的人文素养和国际视野。

其次，制度完善是协同育人的关键。可以通过建立健全制度体系，明确各教育主体的育人职责，提供人财物配套保障，定期召开相关会议等方式，推动协同育人工作的有序进行。制度的建立不仅对协同育人具有指导性和规范性，也能够激励各方积极参与，推动育人工作的开展。

最后，专门的组织机构是协同育人的保障。在中外合作办学项目中，应当成立专门的组织机构来统一部署和管理协同育人工作。这样的组织机构需要在中国共产党的委员会（简称党委）领导下运行，统一各级育人主体，建立多元共治的育人平台，畅通意见反馈渠道，以适时调整和改进协同育人机制。

综上所述，高校中外合作办学项目学生思想政治教育的"三全育人"模式需要通过顶层设计来落实育人责任，保障育人效果。只有建立健全协同育人机制，统筹规划、明确责任、制定制度、建立组织，才能实现高校中外合作办学项目中学生思想政治教育的有效推进。

（二）以马克思主义理论为指导，优化协同体系

在马克思主义普遍联系理论的指导下，遵循整体性、协同性、动态性原则，

根据思想政治教育工作的主体、客体特征，从全员、全程、全方位三个维度，深入实施"联动育人工程""精准引领工程""阵地建设工程"，在中外合作办学模式下打造一个完整的、系统的思想政治教育工作协同育人体系。

1. 实施"联动育人工程"，实现全员育人

在高校中外合作办学项目中，以马克思主义理论为指导，优化"三全育人"协同体系，实施"联动育人工程"，实现全员育人，具有重要的现实意义。可以通过以下几方面的努力，进一步优化这种育人模式：

（1）建立思想政治理论教师与专业理论教师、通识素质课教师协同育人机制。这项机制的建立需要定期开展思想政治理论教育培训，以提高其他教师的思政教育意识和水平。同时，要加强与中外合作办学外方教师的沟通和交流，使外方教师的教学内容与方式符合中国培养社会主义建设者和接班人的教育目标。此外，要结合中外合作办学项目的特点，将中西方文化的比较融入课程中，以增强学生的文化认同感。

（2）把育人与管理相结合，强化科学管理育人的保障功能。在中外合作办学项目中，要吸收中外先进的教育和管理经验，将精细化管理和独立性培养相结合，以规范管理的严格要求和润物无声的教育方式促进学生的全面发展。管理者要树立终身学习和创新理念，提高管理水平，坚持以学生为本，重视学生的需求和特点，以此推动育人工作的深入开展。

（3）将育人与服务相结合，优化服务育人体系。树立服务育人意识、营造服务育人氛围、创新服务育人举措、丰富服务育人资源，可以将服务育人贯穿高校服务的全过程。特别是要引导各项服务工作人员，贴近学生，用自身的优秀品质和行为影响学生，从而启发学生思考，提升其思想素质。这需要加强服务队伍建设，注重服务人员培养，将服务育人理念融入其思想，以提高服务人员的育人意识和水平。

实施以上措施，可以进一步优化"三全育人"协同体系。在高校中外合作办学项目中实现全员育人的目标，可以为培养具有国际视野和社会责任感的优秀人才做出贡献。

2. 实施"精准引领工程"，实现全程育人

在高校中外合作办学项目中，实施"精准引领工程"，实现全程育人，是推动思想政治教育科学发展的关键举措。以下是针对这个目标的具体探讨：

（1）启动"大一启航教育工程"，健全学生入学教育机制。这项工程旨在为新生提供全面的成长引导和学业指导，使其在大学生活的开端就对自己的学业和

人生规划有清晰的认识。通过参与"新生第一课""校史参观"等活动，学生可以了解学校的历史和文化底蕴，明确自身的使命与责任。同时，可以通过专业发展史教育和职业规划指导，引导学生树立明确的学业和职业目标，理清学习与未来发展的思路。此外，可以通过深入开展德育活动，如道德推理和行为分析等，培养学生良好的品德和公民意识，增强其社会责任感。

（2）构建完善的心理健康育人机制。学校应该制订科学的心理健康教育计划，重视心理健康教育，并建立专业的心理健康教育指导团队，提供全面的心理健康指导和咨询服务。同时，将心理健康教育纳入教学体系，通过课程设置和教学内容，提升学生的心理健康意识和应对能力。通过这些举措，学校可以为学生提供积极健康的心理暗示，帮助他们保持良好的心理状态。

（3）建立健全创新创业、职业生涯与就业指导育人机制。学校应该将创新创业、职业生涯规划与就业指导纳入教学改革体系，并通过多种形式的实践活动，如创新创业竞赛、职业技能培训等，培养学生的创新创业精神和就业能力。同时，学校还应通过互联网平台，为学生提供创新创业、就业信息和资源，拓宽其就业渠道，增强其就业竞争力。另外，可以加强理想信念和思想道德素质教育，引导学生树立正确的就业观和价值观，落实立德树人的育人目标。

综上所述，通过启动"大一启航教育工程"、构建心理健康育人机制，以及建立健全创新创业、职业生涯与就业指导育人机制，学校可以优化"三全育人"协同体系，实现全程育人的目标，为培养具有社会责任感和创新精神的优秀人才提供有力保障。

3. 实施"阵地建设工程"，实现全方位育人

在高校中外合作办学项目中，实施"阵地建设工程"，实现全方位育人，是推动思想政治教育不断深化和创新的关键路径。以下是对这个目标的探讨：

（1）党团建设与立德树人同向同行。党团组织是高校思想政治教育的重要阵地和推动者，应该在中外合作办学模式下创新党团建设模式。例如，建立境外学生临时党团支部，制定相关管理办法，规范管理海外党员的行为，确保他们充分发挥党员的模范带头作用。此外，可以通过加强党建工作，培养学生的社会主义理想信念和责任意识，引导他们在学习和生活中发挥先锋模范作用，牢记国家秘密，抵制外部不良文化的渗透，确保思想政治教育的纯洁性和正确性。

（2）校园文化育人与实践育人同行共育。学校应通过多种形式和渠道，开展校园文化建设和实践活动，引导学生积极参与，并将社团活动、学习讨论、文化体验等纳入育人体系。例如，可以组织"与经典对话""与中华优秀传统文化

和中国特色社会主义先进文化对话"等实践活动，让学生深入了解与感受中华优秀传统文化和社会主义核心价值观，增强他们的文化自信和民族自豪感。同时，通过参观红色教育基地等活动，学生可以了解国家的发展历程和艰苦奋斗的历史，激发他们的爱国情感和责任意识，促进其全面发展和成长。

（3）网络建设与思想政治教育同轴共转。在信息化时代，网络成为影响学生思想的重要渠道，学校应重视网络建设和意识形态工作，加强对学生网络行为的管理和引导。例如，可以通过制定网络管理规定和开展网络意识形态工作，规范学生的网络行为，引导他们树立正确的价值观和思想观念。同时，应加强网络素养教育，提升学生对网络信息的甄别能力和抵抗力，确保他们能够正确理性地对待网络信息，不受不良信息的影响。另外，学校还应利用网络平台，与学生开展平等对话和交流，解答他们的疑惑，引导他们正确理解社会主义意识形态，增强其对国家和社会的责任感和使命感。

通过以上三点，学校可以优化"三全育人"协同体系，实现全方位育人的目标，为培养社会主义建设者和接班人提供有力支撑。

（三）形成合力，打造多层次的育人共同体

中外合作办学模式下的"三全育人"格局，不仅需要校内各教育资源、教育元素的整合协同，还涉及校外社会资源（包括家庭、社会团体、企业等）和国际资源的协同推进，构建多层次的社会实践育人共同体。这样才能更好地促进高校落实"立德树人"根本任务，提高思想政治教育工作的针对性和实效性。

1. 建立家校联动的育人平台

家庭教育虽没有学校教育系统化，但家庭是人生的第一所学校，对学生的影响往往更深远。家庭成员的思想道德、言行习惯及家庭氛围对孩子的影响是潜移默化的，并能促进其对"是非、美丑、善恶"形成初步认知。家长的优秀品质和优秀作风是促进孩子成长的推动力，对培养孩子自立自强、勤俭节约、艰苦奋斗、团结协作、相互友爱的传统美德非常重要。因此，学校与家庭应充分发挥各自的育人优势，协同一致对学生进行有针对性的教育，形成家庭—学校联动育人平台，共同支撑学生的成长成才。

2. 构建产教融合的育人机制

校企产教融合实践育人，体现了"教学做合一、知行合一"的思想教育模式，是"校地联合、产教融合、知行耦合"的人才培养新路径，是促进大学生体验式思想政治教育的重要途径。第一，建立良好的校企协同育人机制，深挖企

业资源，广泛建立校企育人合作基地，围绕实践类型丰富、多学科交叉、培养学生多角度解决工程实践问题等目标，初步形成"高校—学生—企业"育人共同体和生态圈。第二，细化校企协同育人制度，监督反馈实习质量，适时调整育人目标和方案，保证学生个性化发展，实现学校、学生、企业闭环管理，切实有效地保证培养质量，构建过程化的实践育人体系。第三，建立校企共赢的协同育人保障机制，深度促进校企"产学融合、产教融合、学研融合"，践行"三全育人"能力与素质并重的教育理念，实现交叉融合的新工科人才培养。第四，在产教融合实践育人中，把企业所崇尚的价值理念、诚信意识、创新创业及敬业精神等融入思想政治教育中，渗透到学生的思想深处，促进思想政治教育常态化，全面提高学生的思想道德修养，同时推进大学生体验式思想政治教育模式的发展。

3. 拓展中外合作办学的途径

做好学生在国外学习阶段的思想教育，保障学生思想政治教育工作的延续性，是中外合作办学思想政治教育工作的难点。中外合作办学院校应广泛开展国际合作，利用合作办学的优势，深挖一切国际资源，拓展思想政治教育的海外途径。一方面，学校可以派专职思想政治教育人员加强学生日常思想教育及意识形态引领；另一方面，可以通过现代信息技术，加强与学生的交流和沟通，及时帮助学生解决思想困惑，保证学生思想政治教育的连贯性。另外，可以充分利用海外资源，如海外留学生协会、孔子学院等，建立社会主义核心价值观教育实践育人基地，给予学生思想政治教育和指导，帮助学生建立民族自信和自豪感。

（四）引入科学的评价机制，实现育人成效

引入科学的评价机制对高校协同育人成效进行教育评价，是全面提升高校思想政治教育协同育人质量的重要手段。教育评价是对教育系统内工作机制和工作目标的考察与反馈，一方面，能够直接掌握系统自身运转效果；另一方面，有助于系统内部各项工作机制、目标的优化和完善。

高校在中外办学模式下要增强协同育人的成效，就要在"三全育人"理念下，在各协同育人平台的工作机制和目标中引入科学的评价机制，对育人成效进行定量与定性相结合、科学性与操作性相结合的教育评价，探索高校联动育人、精准育人、阵地育人、社会实践育人的普遍规律。

第一，从协同育人队伍与制度建设、学生素质要求、育人组织管理，以及育人形式的设计与展开等维度构建包括评价对象、评价内容、评价指标在内的协同育人评价指标体系。

第二，围绕评价指标体系收集和处理相关数据资料，通过对评价对象的表现、现状或文献资料的分析，定期对育人成效进行定量与定性相结合的教育评价。

第三，在教育评价过程中坚持科学性和操作性相结合原则，打造"联动育人工程""精准引领工程""阵地建设工程""社会实践育人工程"的协助育人对话平台，促进实际操作层面的可行性，并形成相关研究报告，对育人过程进行跟踪研究，调整指导稳步推进。这种教育成效的科学评估是对"三全育人"过程和结果进行的教育研究，是切实推进高校思想政治教育工作创新开展的重要手段。

第二节　高校中外合作办学项目学生思想政治教育的"思政课程"探索

思政课程，旨在培养学生的道德观念、法律意识、思想素质和政治素养。根据不同的教育阶段和院校特色，思政课程的具体设置可能有所不同，但一般包括《马克思主义基本原理概论》《毛泽东思想和中国特色社会主义理论体系概论》《中国近现代史纲要》及《思想道德修养和法律基础》。思政课程的开设是帮助学生树立正确的政治立场和观点、提高政治素养和政治能力的重要保障。

一、高校学生"思政课程"的重要地位

中外合作办学是我国高等教育对外开放的重要组成部分，是培养具有国际视野，通晓国际规则，掌握跨文化交际知识复合型人才的重要平台，是高校引进优质教育资源、凝练办学特色、交流办学理念、营造国际化育人氛围的重要抓手。在高素质人才的培养，特别是政治坚定、理想远大、乐于奉献的人才的培养方面，大学生思政课程工作意义重大。当下，我国的社会主义建设进入了新阶段，面临着新的形势和新的要求。在高校教育教学中，需要明确思政课程的功能和地位，深刻剖析当下我国的思政理论教学的现状，只有这样，才能推动和促进未来大学生思想政治教育工作的开展，大力培养现代化建设所需的各类优秀人才。

（一）实施科教兴国战略与人才强国战略的需要

在深入实施科教兴国战略与人才强国战略的宏伟蓝图中，大学生群体作为民族复兴伟业的生力军与未来希望，其培养与发展承载着国家长治久安与繁荣昌盛的深远意义。这一战略部署不仅可以彰显鲜明的政治导向与时代要求，更是对实

现中华民族伟大复兴中国梦的坚实支撑。

科教兴国战略根植于"科技是第一生产力"的深刻洞察，强调教育作为国家发展的基石，是推动科技进步、提升全民素质、促进经济社会高质量发展的关键力量。在此框架下，高等教育被赋予了前所未有的历史使命，即通过优化课程体系、强化思政教育，培养既具备扎实专业知识与创新能力，又拥有坚定理想信念与高尚道德情操的中国特色社会主义事业建设者和接班人。

人才强国战略的核心在于"人才兴国"，即认识到人才是国家发展的第一资源，是提升综合国力和国际竞争力的决定性因素。面对全球科技竞争的新态势与国内经济社会发展的新需求，必须将人才培养置于国家战略的核心位置，通过深化教育改革、创新人才培养模式，构建适应新时代要求的人才发展体系。

在这个过程中，加强思政课程教学不仅是提升大学生思想政治素质的必要途径，更是保持人才培养方向正确、服务国家发展大局的重要保障。思政教育作为立德树人的关键环节，旨在引导学生树立正确的世界观、人生观、价值观，增强"四个自信"，坚定走中国特色社会主义道路的信念。思政教育能激发学生的爱国热情，培养学生的社会责任感，使之成为有理想、有本领、有担当的时代新人。

同时，思政教育与专业知识教育相辅相成、相互促进。在科教兴国战略与人才强国战略的引领下，高等教育应构建德智体美劳全面发展的教育体系，将思政教育贯穿人才培养的全过程，实现知识传授与价值引领的有机统一。只有这样，才能培养出既精通专业又德才兼备的高素质人才，从而为全面建设社会主义现代化国家、实现中华民族伟大复兴的中国梦提供坚实的人才保障和智力支持。

（二）高校学生健康成长的需要

从根本上讲，进行思政课程教学工作是源于社会和人的发展需求，社会要想顺利发展、个人要想健康成长，都离不开思政教育工作。人的本质属性的界定主要从三个维度来看，即社会性、生物性、精神性。人的存在，是以生物性为基础的，人类和其他生物之间也具有一些相似性，而生物性决定了需要物质能量来不断提供供给，其中涉及的关系主要就是人和自然之间的关系，因此，人需要不断地从事相关的物质生产活动，发展科学技术，提升工作效率，尽可能通过自然获取物质能量，为人类的生存和发展提供支撑；与此同时，人的生物性决定了人也具有一些动物的特性，通常会最大化地追求自身的生理本能需要。

除此之外，每个人都要有自己的信仰、理解，对自由进行追求，希望能够获得独立。但是，要想建立并实现信仰和理想，要想获得自由、独立，是有很多的条件的。这是对理论进行创新的一个过程，与人类社会的发展规律相符合。理论体系的建立经过了漫长的历程，其理论创新的过程也是相当艰辛的，与此同时，还需要借助社会化过程，对其进行内化，使每个成员都自觉追求，要想实现这些，开展思政课程教学工作十分重要。

大学生正处于青春萌动的时期，自尊心很强，同时也追求独立。这些都是青年人独有的特点，也正是如此，大学生才勇于创新，努力追求上进。然而，大学生毕竟年龄尚浅，自身存在很多局限；加上多年来一直处在校园这个封闭的环境中，并没有太多机会深刻认识和了解社会，也没有经受过生活的挫折和打磨；在相关的知识和技能方面，了解和掌握的也不多，没有深刻体会。因此，需要建立更加深入、系统的世界观、人生观、价值观，需要对此加强教育，要把人之所以为人的本质要求内化成为每个人的内在追求。由此可见，要想保证大学生能够顺利成长成才，就要结合其实际情况，对高校的思政教育工作进行加强和深化。

未来，社会对人才的需求越来越多，要求也越来越高，那些素质高、全面发展的人才必将拥有更广阔的天地。大学生要想获得成功，就必然要具备一些优良的品质，如百折不挠的意志、团结合作的精神、公平竞争的意识、民主法治的精神等。对于高校来说，则需要调整自身的关注点，不能因为过分重视专业方面的学习，就忽略其他方面的教育，如心理教育、道德教育、政治教育、理想教育等，要帮助学生打好基础，使其成为合格的社会主义建设者和接班人。

二、在高校中外合作办学中建设思政课程体系

（一）确立高校中外合作办学中思政课程的基本指导

高校思政课程体系，主要包括前面提到的《马克思主义基本原理概论》等，以及形势与政策课程。虽其设计初衷未直接提及国际视野、学生兴趣和中西方教育理念的融合等要素，但这些维度的考量对于优化课程体系、增强其时代适应性与教育成效，具有不可忽视的学术价值与实践意义。

在高校中外合作办学项目中，思政课程的内容与教学方法可以融入国际化元素。通过案例分析、国际比较等教学手段，引导学生理解全球视野下的政治、经济、文化现象，不仅能拓宽学生的国际视野，还能增强其跨文化交流与理解能力，使思政课程成为连接国内与国际的桥梁。

课程具有统一性，但教育过程应体现个性化。教师可通过课堂讨论、小组项

目等形式，鼓励学生根据自身兴趣深入研究思政领域内的某个具体问题，如全球治理、人权议题等，从而在满足共性教育要求的同时，兼顾学生的个性发展与兴趣激发。此外，可以利用在线教育资源与混合式学习模式，为学生提供更多自主学习与探索的空间。

思政课程的核心价值在于塑造学生的世界观、人生观与价值观，同时提升其综合能力。在讲授理论知识的基础上，应注重培养学生的批判性思维、创新思维、团队协作等关键能力。可以通过模拟联合国、社会调研、志愿服务等实践活动，让学生在实践中锻炼能力，形成知行合一的学习体验。

另外，中西方教育理念各有千秋，将两者有机融合，能够为思政课程注入新的活力。一方面，要继承并弘扬中华优秀传统文化的精髓，如"仁爱""诚信"等价值观；另一方面，可以借鉴西方教育中的批判性思维训练、项目式学习等方法，创新思政课程的教学模式与评价体系。这种融合不仅可以丰富课程内容，还可以提升课程的吸引力和实效性。

思政课程应超越单纯的知识传授，成为学生全面发展的助推器。可以通过职业生涯规划教育、心理健康教育等模块的融入，帮助学生认识自我、规划未来，实现德智体美劳全面发展。同时，可以鼓励学生积极参与社会实践与志愿服务，将思政理论学习与社会实践紧密结合，形成正确的社会责任感和使命感。

（二）明确高校中外合作办学中思政课程的主要立足点

立德树人作为高校思想政治教育的根本立足点，其深远意义在于全方位塑造学生的品格与能力，以适应全球化时代的挑战与机遇。

第一，立德树人强调以德育为核心，全面促进学生综合素质的提升。在全球化浪潮中，学生不仅要掌握扎实的专业知识，更需要具备国际视野、创新思维、批判性思维等。思想政治教育通过引导学生树立正确的价值观，培养其独立思考、勇于探索的精神，可以为学生搭建适应复杂多变国际环境的坚实桥梁。在这个过程中，立德为本，树人为要，旨在培育既有深厚文化底蕴又具备国际竞争力的复合型人才。

第二，立德树人要求在全球化与本土化的双重语境下，坚守文化根脉，强化民族认同。在拥抱世界多元文化的同时，高校思政教育应深入挖掘和传承中华优秀传统文化，增强学生的文化自信与民族自豪感。可以通过丰富的文化活动、历史教育、文化体验等方式，让学生在对比与融合中深刻理解本土文化的独特价值，成为中华文化的守护者与传播者。

第三，立德树人强调因材施教，关注学生的个性发展。每个学生都是独一无二的个体，有不同的兴趣、潜能与发展需求。思政教育应尊重学生的个性差异，通过个性化教学、导师制、心理健康教育等手段，激发学生的内在动力，培养其独立思考、自我管理的能力。同时，可以通过强化团队协作与社会责任感教育，引导学生在相互尊重与合作中共同成长。

第四，面对经济全球化的深入发展，立德树人更加注重培养学生的全球视野与跨文化交流能力。可以通过国际交流项目、海外研修、外语能力提升计划等途径，拓宽学生的国际视野，增进其对不同文化的理解和尊重。在思政课堂上，融入国际政治、经济、文化等议题，引导学生以开放包容的心态参与全球对话，为构建人类命运共同体贡献力量。

第五，立德树人致力于实现学生的全面发展，即德智体美劳全面发展。该理念强调在注重智力培养的同时，不忽视学生的情感、意志、身体、审美等多方面素质的提升。可以通过丰富多彩的校园文化活动、体育竞赛、艺术创作等实践平台，让学生在实践中锻炼能力、陶冶情操、提升品位，成为德智体美劳全面发展的社会主义建设者和接班人。

（三）建立高校中外合作办学中思政课程的发展目标

思政课程首要且核心的发展目标，在于培育坚定的社会主义建设者和接班人，这个身份不仅是学生角色的重要构成，更是其人生使命与责任的集中体现。为了使学生成为具备高度政治素养的社会主义建设者和接班人，不仅要为其传授政治理论知识，更要引导其深刻理解中国特色社会主义的理论体系、制度优势与实践成就，培养坚定的政治信仰、深厚的爱国情怀与强烈的社会责任感。通过系统的政治教育，学生能够成为自觉践行社会主义核心价值观，勇于担当民族复兴大任的时代新人。

在此基础上，思政课程致力于提升学生的跨文化沟通能力。在全球化日益加深的今天，这项能力对于学生适应国际环境、参与全球竞争至关重要。可以通过引入国际比较、跨文化交流等教学内容，以及组织国际交流项目、语言学习等活动，培养学生尊重差异、包容多元的文化态度，使其能够在全球舞台上展现中国青年的风采与智慧。同时，思政课程应注重学生综合素质的全面发展，包括智力、情感、社会性、艺术性、创造性等维度。可以通过构建多元化的课程体系，融合理论与实践、传统与现代、本土与国际等多重视角，为学生提供全面发展的平台与机会。通过参与各类社团活动等，学生可以丰富其人生体验，提升其综合素质。

此外，思政课程还强调培养学生的国际合作意识与团队合作能力。在全球化背景下，国际合作已成为推动社会发展的重要力量。可以通过组织国际团队项目等活动，让学生在实践中学习如何与不同文化背景的人进行有效沟通与合作，培养其跨文化协作能力，为其未来参与国际事务、贡献中国智慧打下坚实基础。

（四）将通识和专才教育相结合，打造复合型思政课程

将通识和专才教育相结合，打造复合型思政课程体系，旨在确保学生在学习过程中既能获取广泛的知识，又能深入研究特定领域，并且能够将所学知识与中华优秀传统文化相结合，培养学生的综合素质和创新能力。这个过程的关键要点包括但不限于以下几个方面：

第一，通识教育。通识教育是思政课程体系的重要组成部分，其目标在于为学生提供广泛的人文社会科学知识，培养其综合素质和批判性思维能力。通过通识教育，学生可以拓宽视野，增强跨学科的理解能力，培养人文关怀和社会责任感。通识教育的课程内容涵盖文学、哲学、历史、政治等领域，旨在培养学生的综合素质和人文素养。

第二，专才教育。专才教育侧重于特定领域的专业知识和技能培养，旨在使学生具备深厚的学科功底和专业能力。通过专才教育，学生可以在特定领域获得专业知识和实践能力，并为其未来的职业发展奠定坚实的基础。专才教育的课程设置和教学内容应当与通识教育相辅相成，以确保学生在专业知识和综合素质上得到全面发展。

第三，结合国情思政文化。在通识教育和专才教育的基础上，设置国情思政文化课程是打造复合型思政课程体系的关键环节之一。这些课程强调中华优秀传统文化的传承和发展，旨在培养学生对中国国情和文化的认同与理解。通过国情思政文化课程，学生可以了解中国特色社会主义理论体系，增强爱国主义情感，树立正确的历史观和文化观。

第四，跨学科整合。通识教育和专才教育应当相辅相成，实现跨学科整合，促进不同学科之间的交叉融合。跨学科整合，旨在提高学生的综合素质和创新能力，拓宽其学术视野，培养其跨学科思维和解决问题的能力。跨学科整合不仅有助于学生的学习和发展，还有助于促进学科之间的交流与合作。

第五，灵活多样的教学方法。为了更好地实现通识教育和专才教育的融合，教学方法应灵活多样，充分满足学生的学习需求和学科特点。可以采用案例分

析、实践教学等方式，激发学生的学习兴趣和创造力，增强教学效果和提高教学质量。同时，教师应根据学生的特点和学习情况，灵活调整教学方法，以确保教学过程既生动有趣，又具有实效性。

复合型思政课程体系，既注重通识教育的广度和综合性，又强调专才教育的深度和专业性，能为学生的全面发展和综合素质提升提供全方位的支持与指导。这种思政课程体系既能满足学生不同层次的学习需求，又能为他们的职业发展和社会责任感培养提供有力支持，从而为培养德智体美劳全面发展的社会主义建设者和接班人做出贡献。

（五）以多样性考评手段，建立"五级制"评价方式

建立"五级制"评价方式是为了更全面地评价学生的学习表现和能力发展，避免过度依赖传统的一次期末考试成绩来决定学生的最终课程成绩。这种评价方式包括多样性的考评手段，旨在通过不同形式的评价来全面了解学生的学习情况和能力水平，为他们的学习和发展提供更有效的指导与支持。以下是建立"五级制"评价方式的关键内容：

第一，课堂反思学习单（20%）。课堂反思学习单是评价学生课堂学习表现的重要手段之一。学生可以通过书面或口头形式反思课堂学习内容，表达对知识的理解和思考，展示学习成果和收获。这种形式的评价可以帮助学生巩固所学知识，加深对知识的理解，增强学习效果。

第二，互动讨论表现（40%）。互动讨论表现是指评价学生在课堂讨论和互动中的表现情况。这包括学生是否积极参与讨论、提出问题、与同学互动交流等。评价学生的互动表现，可以了解他们的思维活跃程度、沟通能力和团队合作精神，为他们的综合素质提升提供参考。

第三，多样性测试（20%）。多样性测试是通过多种形式的测试方式来评价学生的学习情况和能力水平。这包括笔试、口试、实践操作等形式的测试。多样性测试可以全面考查学生对知识的掌握程度和应用能力，促进他们的学习和能力发展。

第四，论文、创意作业等（20%）。论文、创意作业等形式的作业要求学生完成独立的研究或项目实践，展示其研究能力、创新能力和实践能力。这种形式的评价旨在培养学生的独立思考能力和创新精神，促进他们综合素质的提升。

第五，奖励加分项。除了以上几种形式的评价，还可根据学生参与日常研学实践活动的表现设立相应的奖励加分项，鼓励学生积极参与实践活动并展现优秀

表现。这种形式的奖励可以激发学生的学习兴趣和积极性，促进其全面发展和综合素质的提升。

可以通过以上多样性的考评手段，全面评价学生的学习表现和能力发展。同时，教师可以通过及时的反馈和指导，帮助学生增强学习效果，促进他们全面发展。"五级制"评价方式不仅有利于学生的学习和发展，更有利于教育教学的改革和创新，以及推动教育事业的持续发展。

第三节　高校中外合作办学项目学生思想政治教育的"课程思政"探索

一、高校学生"课程思政"的教学体系与育人之路

（一）课程思政的教学体系

1. 课程思政的教学目标

课程思政的教育理念也是一种体现连续性、系统性的课程观。它不拘泥于各科专业知识的学习，而是将思政教育的目标融入各科的教学当中，使各门课程都能参与到学校育人的过程中，形成一个完整的课程育人体系。课程思政的最终育人目标是培养德智体美劳全面发展的人，努力为国家培养有担当的时代新人，以课程思政的全面质量提升带动"三全育人"工作，以育人质量的全面提升带动学校"双一流"（世界一流大学和一流学科）建设。具体而言，课程思政工作需要在以下几个方面多做努力：

（1）引导学生加强品德修养。立德树人是中国教育的根本使命，培养品德修养高尚的人才是学校教育教学的中心任务。各门课程教育教学的任务之一，就是要积极引导学生理解加强品德修养的必要性，踏踏实实修好品德，成为有大爱、大德、大情怀的人。

思政理论课提倡将社会主义核心价值观作为培养学生品德修养的主要教学内容，加强学生的道德修养，结合时代对学生的具体要求，从国家、社会和个人三个方面引导学生树立正确的世界观、人生观和价值观，激发学生将真善美作为自己的品德追求，并真正将其落实到位。

综合素养课的教学内容是从多个方面培养学生的社会主义道德和社会主义核心价值观，在培养学生正确思想品德素养的基础上，进一步对价值观进行划分，

包括国家道德、社会公德、职业道德、个人道德，并向学生传授不同领域的表现形态，如政治、经济和文化等，同时引导学生对社会主义核心价值观和西方价值观进行对比分析，了解二者之间的异同。

专业课的教育教学内容设计要不拘一格，要围绕专业特性，挖掘专业课与社会主义核心价值观的结合点，在培养方案中对"德、能"等方面做出明确的规定，形成有效的指导方案。例如，"大学英语"的教学，可在精读短文中，主动选取体现"法治、文明、爱国、敬业"等主题的素材，让学生在掌握专业知识的同时，深刻领会社会主义核心价值观的要旨，不断提升修养。

（2）引导学生增长知识见识。21世纪的竞争是人才的竞争，人才竞争力的核心之一就是见识与才智的较量。设立思政课的意义就在于引导学生在有限的时间里做更多有意义的事，认真求学，增长知识，拓宽视野，让学生形成以"正确认识世界和中国发展大势、正确认识中国特色和国际比较、正确认识时代责任和历史使命、正确认识远大抱负和脚踏实地"为主的价值观。思政课教学可以激发学生了解国内外局势的兴趣和热情，将家国情怀与世界局势相联系，学会在合作中共同发展，在合作中求共赢。因此，可以通过思政课的教学内容提升学生的自觉性、自信心和自主性，为培养更多优秀人才，提升国家综合国力奠定坚实的基础。

综合素养课的教学内容设计要以拓展学生见识为主要任务，整合全校教学资源，开设尽可能多、可供自由选择的不同门类的综合素养课程，大力拓宽学生知识面，主动加强不同学科间的协同与交叉，让理工科学生增加人文社科知识、让人文社科学生接触理工知识，力争实现文理交融、医工交叉；增加实践教学环节，拓宽学生视野，让学生在实践中提升运用知识的能力。

专业教育课的教学内容设计要以增长学生知识为主要任务，发挥教学名师的育人效应，鼓励更多的大师走进一线课堂，让学生接触最前沿的专业知识；充分调动教师的教学积极性，通过培训提升教师的课堂教学水平，激发学生的求知欲，教育学生扎实掌握专业知识。

2. 课程思政教学的要素

要把思政教育有效融入教学全过程，教学组织设计尤为重要。为此，需要考虑以下三方面要素：

（1）教学主体。在教学主体方面，要特别注重发挥学校在课程思政工作中的协同引领作用，构建思政理论课与其他哲学社会科学的协同创新机制，形成科学化、标准化、精细化的建设管理办法，不断加强课程思政教育教学过程的科学化、规范化建设。

（2）教学内容。在教学内容管理方面，要明确学校专业课都应有育人职责和功能，注重在传授专业知识和技能的过程中加强思政教育。要围绕思政教育目标，对照思政教育核心内容，全面修订学科专业人才培养方案，针对具体课程编制课程思政教学指南。针对意识形态属性较强的哲学社会科学课程，要充分挖掘其中蕴含的思政教育资源。要深化哲学社会科学教育教学改革，建立健全符合国情的哲学社会科学人才培养质量标准体系。

（3）教学过程。在教学管理过程中，需要对以下内容进行修订和完善，如修订教学大纲、建立健全课程管理制度、完善教学管理方法等，而且还需要对所建立的管理办法进行相关的审核和评价，使教师在教育教学过程中真正地将听课制度落到实处，使高校的课程教学做到有章可循。

3．课程思政教学的原则

思政教育要想取得较好的实效，就必须分析规律、把握规律、尊重规律。作为全面提升思政工作质量的一项重要举措，课程思政也需要把对规律的尊重、对原则的坚持放在重要的位置。因此，在课程思政的推进过程中，应该结合实际情况，科学把握工作原则，切实提升工作开展的质量和水平。

（1）顶层设计和试点培育相结合的原则

课程思政工作的推进，一方面，要加强学校顶层设计，统筹谋划课程思政教学改革任务和路径措施；另一方面，要发挥改革试点的示范带动作用，分步骤、分阶段有序推进，充分发挥校院两级和全体教师的积极性、主动性、创造性，形成课程思政的良好机制和氛围。

课程思政理念的提出与践行，有助于强化教师的育德意识和育人责任，能充分挖掘所有课程的思政教育资源和育人功能，有效弥补思政理论课教师单兵突进、传统思政工作队伍单线能力的不足，初步实现从专人思政向全员育人的转变。

（2）知识传授和价值引领相结合的原则

第一，深入挖掘各类课程的思政理论教育资源，发挥所有教师在知识传授中的价值引领功能。推进教育综合改革，深入理解课程思政的深刻内涵和创新途径，可以使所有课程都具备价值塑造、能力培养、知识传授三位一体的课程思政教学目标。既要凸显思政理论课程显性的思政教育功能，又要强化综合素养课、专业课隐性的思政教育作用。

第二，深入挖掘各门课程蕴含的思政教育资源，强调所有任课教师在课堂教育教学中的价值引领责任，以"立德树人"为根本，寓价值引领于知识传授中，在价值传播中凝聚知识底蕴，真正做到将思政教育融入学校课程教育的全过程，使各类课程与思政理论课同向同行，形成协同效应。

（3）改革创新和遵循规律相结合的原则

课程思政必须结合教育目标、教育环境及教育实况，与时俱进地推进自身的改革，这是学校思政教育长期发展的客观规律。在推动课程思政改革创新中，需要制定相应的改革措施，对多方面的内容进行改革、创新和完善，以求取得显著的成效。在创新的过程中要坚持多个方面的统一，如主导性和主体性、显性教育和隐性教育、建设性和批判性、价值性和知识性等。在改革和创新中还要坚持解放思想、实事求是，遵循一定的育人规律、成长规律，使思政课沿着健康正确的方向积极发展。

深化学校思政理论课教学改革，要确定教材、教学和教师三个关键因素，创新课堂教学内容和形式，充分发挥网络的作用。可以通过与社会实践的有机融合，密切关注学生成长问题，卓有成效地提高课堂吸引力。对于提升思政教育的实效性来说，课程思政的稳步持续推进是突破学校思政工作育人瓶颈的重要方式。

（4）教师引领和学生参与相结合的原则

在课程思政教学改革过程中，教师要以德立学、以德施教，加强政治引领和思想教育。实施教师德育意识和育德能力提升计划，将其纳入教师培训体系中，通过举办专题专项德育培训，扎实开展推进；完善教师教学激励机制，对专业课程的育人功能和任课教师的德育实效进行绩效评价，纳入教师综合考核体系中，作为重要参考项。梳理优秀典型，加大宣传力度，积极回应社会关注。同时，要契合学生成长发展需求和期待，尊重学生的主体地位，提高学生的参与度，增强课程思政工作的亲和力、针对性和实效性。

（二）课程思政的育人之路

1. 推进教学方法创新

在实际的教学中，要不断推进教育方法创新、教学手段创新。例如，传统的教学方法一般都是讲授法，通常教师讲、学生听，至于学生能理解多少、收获多少则很难评判。课程思政要达到良好的育人效果，就需要创新教学方法和教学手段。在"互联网+"的背景下，教师要充分利用各种教学设备。要充分将红色文化、工匠精神、中华优秀传统文化、民族文化、军旅文化等融入教学内容中。

（1）红色文化育人：融入红色文化，可以让学生充分了解革命先烈的故事，感悟今天的幸福生活来之不易，努力学习，以报效国家、服务人民。

（2）工匠精神育人：可以结合专业特点讲述大国工匠的故事，让学生了解每个大国工匠的成长故事，让学生深刻体会大国工匠爱岗敬业、精益求精、干一行爱一行的精神。

（3）中华优秀传统文化滋养育人：可以结合清明、端午、中秋等传统佳节开展丰富的活动，让学生了解中华优秀传统文化的魅力，树立文化自信。

（4）民族文化育人：无论是汉族还是少数民族都为中华文明和人类的进步做出了卓越的贡献，各民族和谐相处能保持社会稳定、经济繁荣，要让学生充分认识到民族和谐的重要性。

（5）军旅文化育人：军人遵守纪律的精神值得学生学习，要让学生充分认识到遵守纪律对成长、成才的重要性。

（6）生态文化山水育人：优美的生态环境令人心旷神怡，生态环境与人类的生命健康息息相关，要想拥有优美的生态环境，就要从保护、建设环境入手，要让学生认识到保护、建设生态环境的重要性。

（7）典型标杆示范育人：每个学校都有优秀的学生和校友。可以通过树立典型标杆示范，让学生学习他们的事迹，提升自我综合能力。

在自媒体时代，教师还需要关注社会热点问题，在授课过程中适时地讲解、分析，引导学生树立正确的"三观"。在课堂上应充分调动学生的主动性，让学生参与到课堂中来。此外，教师还应充分运用多媒体技术、网络技术来丰富和创新教学手段。例如，讲到红色文化的人物故事时，可以采取角色扮演的方式再现人物形象，或者运用3D技术，尽可能使人物形象生动，让学生身临其境，从而增强育人的效果。思政课教师与专业课教师要定期举行教研活动，探讨教学方法和手段，分享成功的经验，总结不足之处，并加以改进。

2．加强教师队伍建设

课程思政强调所有的教师都有育人职责，强调团队合作，需要整合思政理论课教师、专业课教师、学生辅导员和班主任队伍，组建多学科背景互相支撑、良性互动的顶尖师资课程教学团队，将思政教育工作贯穿教育教学全过程，坚持知识传授和价值引领的统一，实现全员育人、全程育人、全方位育人。

上好思政理论课的关键在教师，包括发挥教师的积极性、主动性、创造性。教师要引导学生扣好人生的第一粒扣子。为此，学校要着力提升教师的育人意识与能力，使教师做到教书和育人的高度统一。实施课程思政，就是要求所有任课教师不仅要在思想认识上形成全员育人的共识，更要在专业发展上具备有效育人的能力，将育人要求和价值观教育内容融入专业教师的教学体系。

（1）提升教师对思政课程的价值认同。开展思政课程的主力就是高校的教师，而高校教师教学能力和思想道德素质的高低会影响高校的育德意识与能力。基于此，教师必须提高自身的教育教学能力和育德水平，体现自己的育人职责，传播正能量。

在很多高校，教师对其他学科与思政课程的融合持有不同的观点和看法，这时就需要高校充分体现人文关怀，为教师做出解释，解答教师困惑，打消教师的疑虑，从根本上转变教师的教育教学观念、情感态度、价值观，提升教师的教学能力和水平，让教师在后期的教学过程中更好地传授给学生，使学生在潜移默化中受到影响，提高自身的思想道德修养。

最终的目标是要让专业课教师形成一种思想观念，不能只做传授书本知识的教书匠，而应坚持教书和育人相统一，成为塑造学生品格、品行、品位的"大先生"，要把知识传授、能力培养、思想引领教育融入每门课程的教学之中，在每门课程中都体现育人的功能。

（2）提升教师对课程思政的教学能力。为了提高思政课对学生的感染力和影响力，教师需要在课程教学内容中将思政课程融入学科教学过程中，但这项任务与教学活动对教师的教育教学能力有很高的要求。因此，高校也要对教师进行相关课程的指导和培训，如岗前培训、学校督导随堂听课、举办教学技能比赛等，指导教师将德育知识融入教学当中，从而帮助教师提升专业技能、教学水平及"传道授业"能力。

3. 制定合理的评价体系

结合学校、教师、学生的实际情况制定科学合理的评价体系，建立常态化、动态化的评价模式，可以确保评价体系科学合理。应及时宣传好的做法，并督导整改不足。课程思政育人落实是"三全育人"的重要方式之一，也是把学生培养成拥有良好品行、强健身体、卓越技能的重要途径。专业课教师要以"立德树人"为目标，结合学校及学生的实际，找准立足点，做好教学设计，在课堂上既要传授专业知识，也要做好学生思想政治教育，从而使课程思政育人落到实处，做到与学生社团活动、思政课形成良好的育人体系。

（1）对主体进行合理性评价。在教学活动中，课程活动的主体有教师、学生、辅导员、专业课教师、思政课教师及评价小组等，因此思政课程和专业课课程内容的制定、管理与评价标准，是需要不同的主体人员共同商定和抉择的，这就是综合性评价。在取得评价结果之后，可以对内部的原因和成效进行分析，为后续的教学活动和课程管理活动做铺垫。尽管这种做法在一定程度上带有武断性，但也能为日后思政课的顺利开展提供方案，促使思政课不断革新和优化。

（2）设定科学的评价维度。在进行评价时，不同评价主体的评价标准和角度不同，会导致评价的结果有很大的不同。例如，专业课教师对学生的学业进行评价，就会从学生对专业课的掌握程度等方面出发；辅导员对学生进行评价，除学业成绩外还会综合考虑学生的日常行为规范、参与课外活动的积极性和主动性；思政课教师对学生进行评价，就会从学生的思想道德素养、道德认知、行为习惯等方面出发；学生导师则更加看重学生在专业领域上的能力，以及从学习中表现出来的学习情感和态度。因此，在设定评价标准的过程中，评价要求和机制要有一定的科学性和全面性。

（3）健全评估督查机制。为保证课程思政工作的持续推进，需要在教师评聘考核体系中大力强化思政工作的考量，建立健全学校课程思政教育教学体系评估督查机制，将课程改革情况列为学校办学质量评估考核的重要指标，以及评价和衡量学校领导班子工作业绩的重要内容，并纳入学校思政工作督导评价体系。

二、高校中外合作办学与"课程思政"的协同探索

在当前全球化进程和教育国际化的大背景下，高校中外合作办学成为一种重要的教育模式。这种模式融合了多元文化，为学生提供了更广阔的视野和更丰富的学习资源。在这样的背景下，课程思政协同育人的概念和实践也逐渐引起了人们的关注。

中外合作办学涉及不同国家和地区的师生，因此呈现出多元文化的特点。这种多元文化的背景为课程思政协同育人提供了丰富的资源。学生可以通过与同学交流学习，拓宽自己的视野，增进对世界多元文化的理解和尊重。

中外合作办学项目通常会吸引国内外的优秀教师参与教学工作，形成包含外籍教师和国内教师在内的多元化教师队伍。外籍教师通常具有丰富的海外生活背景和跨文化交流经验，所以能够为学生提供不同于传统教学的国际化视野，从而促进学生提升全球化意识和跨文化沟通能力。与此同时，中外合作办学项目的生源通常具有一定的国际化特征。他们可能来自不同国家和地区，拥有不同的家庭经济条件和个性化特征。这种多元化的生源背景为课程思政协同育人提供了更广泛的社会群体，为学生提供了更丰富的学习资源和交流平台。

在中外合作办学项目中，思想政治教育工作也需要与时俱进，采取创新的方

式和方法。除了传统的思政课、学术报告和座谈会等教学形式，还可以探索和实践更多适合国际化背景的教育方式，如开展国际交流活动、举办国际论坛等，引导学生更深入地参与到跨文化交流合作中。

在中外合作办学项目中，课程思政协同育人的实践和探索也逐渐得到了重视。在课程设置、教学内容和教学方法上进行创新，可以有效地融入社会主义核心价值观、中国特色社会主义理论等内容，引导学生树立正确的世界观、人生观和价值观，培养学生的创新精神。

新时期中外合作办学大学生思想政治教育工作具有一定的特殊性，同时也面临着新的挑战。如何创新思想政治教育工作方式，将大学生思想政治教育工作积极融入合作办学体制下的培养体系，是中外合作办学体制下大学生思想政治教育工作急需探索和实践的重要课题。

（一）课程思政融入高校中外合作办学的重要性

思想政治理论课在我国教育发展中占据着重要的地位。加强思想政治教育也是新时代高质量教育的需要。在中外合作办学体制下，因学生接触西方价值观和理论思潮的机会较多，多元文化的背景为思想政治教育工作增加了难度。调查研究发现，传统的思政课教学模式已经成为中外合作办学高校思政课建设的羁绊，无法满足培养模式个性化的需求。因此，在思政育人和国际化的双重格局下，新时代中外合作办学体制下推进课程思政具有一定的紧迫性和必要性。

1. 为中外合作办学注入新的思政元素

为中外合作办学注入全新的思政元素是当前教育领域的一个重要课题。随着全球化的深入发展，中外合作办学在中国高等教育中扮演着越来越重要的角色。在这一背景下，为中外合作办学注入全新的思政元素具有重要的现实意义。

（1）注入全新的思政元素可以促进中外合作办学的国际化发展。随着国际合作项目的增多，学生接触到的知识和文化更加多元化，需要更加全面的思政教育来引导他们树立正确的价值观和世界观。注入新的思政元素，可以更好地适应国际化背景下学生的需求，提升他们的综合素质和国际竞争力。

（2）新的思政元素可以促进中外合作办学的创新发展。教育领域一直在不断变革和创新，为中外合作办学注入新的思政元素可以激发教育教学的活力和创造力，推动教育体系向更加开放、包容和创新的方向发展。这有助于提升教育质量和增强教学效果，培养更具创新精神和实践能力的人才。

（3）注入全新的思政元素可以促进中外合作办学的可持续发展。随着社会的不断变化和发展，教育的使命也在不断演变，需要更加符合时代需求和社会发展的思政元素来引领教育发展方向。不断创新和完善思政教育内容，可以使中外合作办学更好地适应社会需求，为未来的可持续发展奠定坚实基础。

因此，为中外合作办学注入全新的思政元素是当前教育领域亟待解决的问题，这不仅是对教育教学的一种创新，更是对培养未来人才的一种重要探索和实践。

2. 加强思想政治教育可有效增强办学效果

加强思想政治教育可以有效增强中外合作办学的效果，这是因为思想政治教育在培养学生的价值观念等方面具有重要作用。

（1）思想政治教育有助于引导学生正确看待世界、社会和个人的关系，培养学生正确的世界观和人生观。在中外合作办学中，学生会接触到不同文化背景下的知识和价值观，加强思想政治教育可以帮助学生理性对待多元文化，形成开放包容的心态，提升跨文化交流和合作的能力。

（2）思想政治教育有助于培养学生的社会责任感和创新能力，引导他们积极参与社会实践和公益活动，促进个人全面发展。在中外合作办学中，加强思想政治教育可以激发学生的社会责任感，培养他们成为具有国际视野的创新人才。

（3）思想政治教育是培养学生思想道德素养和综合素质的重要途径，有助于提升学生的综合素质和国际竞争力。在中外合作办学中，加强思想政治教育不仅有助于学生更好地适应国际化背景下的学习和生活，提升综合素质和竞争力，还可以为其未来的职业发展和国际交流打下坚实基础。

3. 课程思政可提升中外合作办学的核心竞争力

我国教育对外开放的历史经验表明，只有坚持社会主义教育制度、坚持党的全面领导才能将教育对外开放推向纵深发展，才能在教育对外开放领域实现"发挥负责任大国作用，积极参与全球治理体系改革和建设，不断贡献中国智慧和力量"的目标。扎根中国大地办大学，就要把立德树人的成效作为检验高校一切工作的根本标准，切实解决好中国特色社会主义建设者和接班人的培养问题。

中外合作办学是我国教育对外开放体系中的重要组成部分，作为我国高等教育改革的排头兵、试验田，引进了大量的优质教育资源，为培养各领域高水平、有国际化视野的人才提供了扎实的资源保障。同时，需要规避合作办学负面效应，如多元价值观环境、西方意识形态等带来的思想政治教育工作的挑战。课堂是教书育人的主渠道，也是进行思想政治教育的有效载体。特别是在面向2035

年、深化教育对外开放"提质增效"的关键期,更要积极做好培养方案与课程设置的深度融合和改革创新。

新时代积极推进中外合作办学体制下的课程思政建设,是兼顾教育规律共性和中华民族个性的创新实践,是培育和践行社会主义核心价值观的现实需要,是培养德才兼备、有全球视野高端人才的重要保障,也是提升我国高等教育核心竞争力的重要途径。

4. 为中国文化的传播提供了全新平台

在当今世界,文化自信成为国家、民族、政党等各个层面的共同价值追求。作为中国特色社会主义事业的重要组成部分,文化自信既是国家实力的象征,也是民族凝聚力的来源。在这样的背景下,高校中外合作办学与课程思政协同育人成为一种新的探索,为中国文化的传播提供了全新的平台。

中外合作办学作为一种全球化的教育模式,不仅可以吸引不同国家和地区的学生,还可以吸引有不同文化背景的教师参与其中。这种多元化的师生群体可以为中国文化的传播提供广阔的空间。通过合作办学项目,中国的文化价值观念、中华优秀传统文化、中国梦等核心理念可以传播到世界各地,为国家形象的树立和文化软实力的提升做出贡献。

在中外合作办学项目中,课程思政协同育人的理念得到了广泛应用。可以通过课程设置和教学内容的设计,将中国的文化自信、国家意识、文化认同等价值观融入各门课程中,引导学生树立正确的世界观、人生观和价值观。同时,可以结合党团建设、思政教育等工作,培养学生的社会责任感和民族自豪感,为中国文化的传播打下坚实的基础。

中外合作办学项目不仅是中国文化传播的平台,更是中外文化和思潮的交流与碰撞之地。在这种多元文化的环境中,中国文化可以与其他国家和地区的文化进行交流,推动中华优秀传统文化的发展与创新。同时,也可以通过与外国文化的交流,增进中国学生对外国文化的了解,提升他们的跨文化沟通能力。

中外合作办学项目为中国文化的传播提供了一种全新的平台。可以通过国际化的教育环境和多元化的师生群体,创造更加开放、包容、创新的教育氛围,为中国文化在世界范围内的传播和推广提供更广阔的舞台。同时,也可以为中国学生提供更多参与国际交流与合作的机会,培养他们的国际竞争力和全球化视野。

中外合作办学与课程思政协同育人为中国文化的传播提供了新的路径和机

遇。构建开放、多元的教育环境，结合中华优秀传统文化的优秀内容和现代化的教育方法，不仅可以有效传承中华优秀传统文化，推动中国特色社会主义事业的发展，为培养社会主义建设者和接班人做出贡献，还可以为世界各国学生提供更多了解和学习中国文化的机会，促进文化交流与互鉴，推动世界文明的发展和繁荣。

（二）中外合作办学与课程思政的协同育人策略

中外合作办学是我国教育对外开放的一种手段，其目标是通过引进优质教学资源，培养服务于社会主义现代化的复合型国际化人才，为我国经济社会发展提供坚实的人力资源基础。课程思政作为我国教育教学改革的重要内容，是践行"为党育人、为国育才"历史使命的有效途径，可以加快提升我国高等教育的核心竞争力。站在长远发展的战略高度，有必要结合中外合作办学目前发展的实际情况，积极探索实施课程思政的发展策略。

1. 以党的领导为核心，实现对高校课程思政建设的有效管理

在当今高等教育领域，高校中外合作办学已经成为一种重要的办学模式，而课程思政作为一种新的教育理念，强调在课堂教学中融入思想政治教育元素。在这个背景下，高校党委应发挥核心领导作用，实现对课程思政建设效果的有效管理。

党的领导是高校课程思政建设的根本保证和核心要求。党委作为高校的领导核心，应当把思想政治教育工作贯穿教育教学全过程，引领课程思政建设方向，确保其符合党的意图和要求，从而实现党的领导与课程思政建设的辩证统一关系。

高校作为中外合作办学项目的主体，应对课程思政建设进行指导和监督。通过设计培养体系和制订培养方案，高校能明确专业课程与思政教育的融合路径，引导合作办学项目在课程设置和教学方法上充分发挥思政教育的作用。

党委应当建立健全指导、监督和制度保障机制，加强对课程思政建设的指导和监督，确保合作办学项目在思政教育方面取得实效。同时，要建立完善的管理制度和政策，为课程思政建设提供制度保障，营造良好的教育教学环境。

当前，高校面临着改革的重要机遇期，课程思政建设也正处于改革创新的前沿。党委应当抓住机遇，加强对课程思政建设的研究和实践，不断深化合作办学育人内涵，解决思政教育中的难题，推进课程思政建设向更高水平迈进。

在中外合作办学项目中，党委应当支持和鼓励高校在专业课程中融入思政元

素的探索与实践。可以通过加强与行业企业的合作，将社会主义核心价值观与专业知识相结合，培养学生的社会责任感和创新精神，从而提升课程思政建设的水平。

综上，高校中外合作办学与课程思政协同育人需要党的领导作为核心，通过指导、监督和制度保障，加强对课程思政建设的管理，实现合作办学项目的全面发展和提升。只有这样，才能更好地发挥合作办学的优势，推动思政教育向更高水平迈进，为培养德智体美劳全面发展的社会主义建设者和接班人做出应有的贡献。

2. 以师资分类为抓手，实现课程思政与教师队伍的合理衔接

在高校中，课程思政建设和教师队伍的思想政治素质是教育教学工作中的两个重要方面。以师资分类为抓手，如何实现二者的合理衔接，是当前中外合作办学体制中需要解决的重要问题。

教师的思想政治水平和课程思政建设意识是实现教师队伍与课程思政合理衔接的基础。教师应具备较高的思想政治素养，对课程思政的重要性有深刻认识，积极参与到思政课程的建设和教学活动中。

在中外合作办学体制下，专业课教师既需要具备专业知识和教学技能，又需要具备一定的思想政治素质。他们要能够兼顾专业教学和思政教育，在教学过程中融入思政元素，引导学生树立正确的世界观、人生观和价值观。

中外合作办学会涉及有不同文化背景和价值观的教师团队，所以教师之间存在一定的差异。因此，需要通过合理的师资分类和管理机制，将有不同背景的教师有机地融合在一起，形成协同育人的局面。

在中外合作办学中，可以建立"知华、友华"的师资队伍，即由深刻了解中国文化和价值观的本土教师与具有国际视野和教育经验的外籍教师组成团队，共同参与课程思政建设和教学工作。

在课程思政建设中，应强调对教学内容的价值引领，确保所传递的知识和观念符合社会主义核心价值观。同时，可以采取"最大公约数"模式，将各种文化背景下的共同价值观作为思政教育的重要内容，以达到凝聚共识的目的。

海归教师群体具有国际视野和丰富的教育经验，可以借助其优势，开展"对比分析类"思想政治教育模式。可以通过对比不同国家和地区的政治制度、文化传统等，引导学生进行深入思考，增强其辨别和分析能力。

本土教师对中国文化和社会主义核心价值观有着深刻的理解，可以在教学中扮演"守底线"的角色，确保课程思政的教学内容符合国家政策和法律法规，

避免出现错误的思想倾向。

不同文化背景的教师在思想育人方面各有优势，应充分发挥其优势，相互学习借鉴，形成合力。同时，要加强师资队伍的培训和交流，提高教师的思政教育水平和能力。

在实现课程思政与教师队伍的合理衔接过程中，要不断优化课程组合，确保思政教育的全面性和系统性。同时，要加强对教师的育人能力培养，提高其思政教育水平和能力。

综上所述，以师资分类为抓手，实现课程思政与教师队伍的合理衔接，需要注重教师的思想政治水平和课程思政建设意识，加强价值观的统一，充分发挥不同文化背景教师的优势，以实现高校中外合作办学的思政教育目标。

3. 以人才培养为目标，落实课程思政与课程内涵的有机结合

以人才培养为目标，落实课程思政与课程内涵的有机结合是当前高校中外合作办学需要重点关注和实践的问题。在中外合作办学的教学培养体系中，需要有的放矢地进行课程体系建设，确保建设符合我国人才培养目标的优质课程。同时，应拒绝不符合育人价值取向的课程，促进专业课和思政课在人才培养总目标上保持一致。

在实现课程思政与课程内涵有机结合之前，必须确保合作单位的教学培养体系有深度融合与创新的前提。这要求他们在实际情况中进行系统谋划，充分考虑双方教学理念、教育目标和学生需求的差异，通过充分沟通和协商，确立共同的教育理念和培养目标，为课程思政建设奠定基础。

在中外合作办学中，课程思政建设与思政课的有机联系非常重要。这需要形式上实现系统联动，通过不同阶段专业课的系统研究，挖掘思政育人元素，使之与高校思政课程的培养体系相呼应。例如，可以将思政教育元素融入专业课程的教学内容和教学方法中，使学生在专业学习过程中自然接受思想政治教育的熏陶，提高其思想道德素质。

为促进中外合作办学深度融合提供有效途径，需要制订切实可行的课程思政建设方案。方案应充分考虑合作双方的教育理念和实际情况，明确思政课程的目标、内容和教学方法，确保其与专业课程紧密衔接，从而成为人才培养的有机组成部分。同时，要注重课程思政建设的持续性和稳定性，确保其能够长期有效地推进。

针对中外合作办学的特点和学生需求，需要进行有的放矢的课程体系建设。这意味着在课程设置和教学安排上，应充分考虑学生的特点和教育目标，精心设

计符合人才培养需求的课程内容和教学模式，以确保教育教学工作能够达到预期的效果。

在课程思政建设过程中，要注重挖掘思政育人元素，促进中外合作办学的深度融合。这包括从中华优秀传统文化、社会主义核心价值观等方面挖掘教育资源，注重国学、红色教育等内容的传承和发展，以培养学生的爱国主义情怀和社会责任感。

4. 以制度建设为牵引，推动课程思政沃土育苗的渐进性发展

在推动课程思政质量和实效性提升的过程中，以制度建设为牵引，渐进性地推动课程思政沃土育苗，是一项重要而艰巨的任务。特别是在中外合作办学的背景下，需要更加注重教学与育人的关系，以及知识传授与价值引领的关系，进一步完善思想政治教育体系，提升教师思想政治素养，同时在多元文化背景下进行课程思政建设。

制度建设是推动课程思政沃土育苗的关键一环。只有通过建立健全制度体系，规范课程思政的实施和管理，才能确保教学目标的有效实现。例如，可以建立课程思政的评估机制，定期对课程进行评估和调整，以提高教学质量。

教师是课程思政的重要执行者和传播者，他们的思想政治素养直接影响课程思政的质量和效果。因此，要加强对教师的思想政治教育和培训，提高其思想政治素养和专业水平，使其能够更好地履行思政教育的使命和责任。

在中外合作办学的环境下，要充分考虑多元文化的存在，注重在课程思政建设中融合不同文化的优秀元素，促进文化的交流和共融。这既需要尊重和保护每种文化的独特性，又需要在求同存异中寻求共同的价值观和目标。

制定相关宣传政策，加强对课程思政的宣传和引导，可以提高学生对课程的认识和理解，增强他们的参与感。例如，可以通过校园媒体、网络平台等渠道，积极宣传和推广课程思政的重要性与意义，引导学生树立正确的世界观和价值观。

外籍教师和海归教师具有丰富的跨文化交流经验，他们的加入可以为课程思政的国际化和多元化提供宝贵的资源。因此，要积极引进和培养外籍教师与海归教师，为课程思政的发展注入活力和动力。

在课程思政建设中，要牢记社会主义核心价值观的引领作用，将其融入课程内容和教学活动中，引导学生树立正确的世界观、人生观和价值观，培养学生社会主义建设者和接班人的意识和责任感。

在多元文化背景下，学生的认同差异是客观存在的，要在尊重差异的基础上

寻求共同点，实现不同文化的融合。因此，要注重对学生的个性差异的尊重和包容，引导他们树立正确的价值观，增强对社会主义核心价值观的认同。

综上所述，在中外合作办学的背景下，可以通过制度建设、教师培养、多元文化融合等方面的努力，逐步推动课程思政沃土育苗的渐进性发展，为培养德智体美劳全面发展的社会主义建设者和接班人提供有力保障。

参考文献

［1］邓小玲，梅莹. 应用型本科高校中外合作办学师资队伍国际化建设探究［J］.科教导刊，2023（01）：85-87.

［2］丁杰，唐玉兔. 中外合作办学高校的教学质量分析［J］. 湖北开放职业学院学报，2023，36（07）：23-24，27.

［3］丁杰，唐玉兔. 中外合作办学高校的双语课程教学分析［J］. 湖北开放职业学院学报，2023，36（12）：168-170.

［4］丁杰，唐玉兔. 中外合作办学高校的思政教育分析［J］. 湖北开放职业学院学报，2023，36（08）：93-94，98.

［5］宫晓丽. 高校中外合作办学教学管理探究［J］. 科技信息，2013（12）：171.

［6］郝建山，教立营，李超. 中外合作办学背景下学生党建工作研究［J］. 辽宁经济，2023（06）：67-71.

［7］贾晓娟. 中华优秀传统文化融入大学生思想政治教育的价值、困境与对策［J］.中国民族博览，2023（10）：181-183.

［8］蒋银屏. 高校中外合作办学师资建设探索［J］. 西部素质教育，2023，9（19）：106-109.

［9］景慧，张钦. 高校中外合作办学全英授课模式困境与措施［J］. 英语广场，2023（19）：121-126.

［10］孔星辰. 民办高校中外合作办学项目英语教学的问题及对策分析［J］. 现代英语，2022（10）：17-20.

［11］李进，阳熠，费芳. 新时代红色文化资源中劳动精神的传承与发展路径［J］.湖南工业职业技术学院学报，2021，21（05）：43-46.

［12］李小兰. 关于中外合作办学背景下高校思想政治教育的思考［J］. 教育教学论坛，2018（13）：6-8.

［13］李岩，沈岩莉，韩鹏，等. 面向中外合作办学的新工科专业课程思政建设［J］. 电脑与信息技术，2023，31（05）：119-121.

［14］李雨恬，方灵敏，尚雪蕾. 高等院校中外合作办学现状及建议——聚焦长三角地区及粤港澳大湾区［J］. 科学咨询（科技·管理），2023（10）：10-12.

[15] 李长真，宇文翔. 红色文化价值资源与大学精神的互融性思考 [J]. 现代商业，2014（11）：269.

[16] 李宗云. 将中华优秀传统文化融入大学生思想政治教育的对策分析 [J]. 吉林工程技术师范学院学报，2019，35（02）：7-10.

[17] 刘超. 高校中外合作办学成本分析存在的问题及对策探讨 [J]. 行政事业资产与财务，2022（11）：115-117.

[18] 刘香君. 高校中外合作办学的着力点 [J]. 百色学院学报，2007，20（05）：119-122.

[19] 柳旭. 提升高校中外合作办学的教学质量探究 [J]. 高教学刊，2020（28）：15-18.

[20] 马铁立，杨冬梅，马铁威. 基于高校中外合作办学项目的中外教师合作教学模式研究 [J]. 成才之路，2022（17）：46-48.

[21] 毛戎. 我国高校中外合作办学思想政治教育模式探究 [J]. 濮阳职业技术学院学报，2012，25（02）：109-111.

[22] 钱景炜. 浅谈中外合作办学 [J]. 西南民族大学学报（人文社会科学版），2005，26（03）：349-351.

[23] 石宪，杨俊，陈鑫，等. 中外合作办学线上教学的互动问题与对策 [J]. 科教导刊，2023（02）：17-20.

[24] 谭晓华. 中外合作办学模式下高校学生思想政治教育工作研究 [J]. 教育教学论坛，2020（34）：27-28.

[25] 唐玉兔，丁杰. 提升中外合作办学高校学生思想政治教育效果路径浅析 [J]. 河南教育（高等教育），2023（11）：34-36.

[26] 王静远. 多元文化背景下高校中外合作办学思想政治教育探索与实践 [J]. 法制与社会，2020（17）：205-206.

[27] 王延伟，王艺璇，张丽娟，等. 高校中外合作办学思政教育存在的问题及对策研究 [J]. 吉林化工学院学报，2023，40（04）：53-55.

[28] 王蕴. 我国民办高校中外合作办学探赜 [J]. 成才之路，2017（28）：13-14.

[29] 王中光. 中外合作办学意识形态安全存在的风险与对策研究 [J]. 当代教育实践与教学研究，2023（02）：237-239.

[30] 熊蒙. 数字化背景下的高校中外合作办学项目的英语教学 [J]. 现代英语，2023（16）：36-39.

[31] 熊沂，骆婉婷. 中华优秀传统文化融入高校思想政治教育的对策研究 [J]. 学校党建与思想教育，2023（24）：48-50.

［32］徐日月，李昊书. 新时代中外合作办学模式下高校团建路径探略［J］. 广西青年干部学院学报，2020，30（06）：49-53.

［33］杨富国，陆冠尧，陈忻，等. 地方本科高校中外合作办学人才培养模式的探讨［J］. 科技风，2023（32）：25-27.

［34］杨娇华，胡刃锋. 高校中外合作办学项目学生思想政治教育体系的构建策略［J］. 消费导刊，2019（38）：48.

［35］杨娇华. 新时代高校中外合作办学项目学生思想政治教育体系研究［J］. 消费导刊，2019（08）：79.

［36］于佳宾，刘省非. 对高校中外合作办学的思考［J］. 教育探索，2012（08）：94-95.

［37］张婧. 高校中外合作办学环境下留学学生思想政治教育探析［J］. 文渊（中学版），2022（02）：690-692.

［38］张秋华. 中外合作办学学生跨文化适应能力现状与培养［J］. 教育教学论坛，2023（13）：185-188.

［39］赵蕾，熊仲明，王军良. 中外合作办学机构管理体制的实践与改革探索［J］. 教育教学论坛，2023（09）：116-120.

［40］赵毅. 新时代中外合作办学高校提升大学生思想政治教育质量有效途径与长效机制研究［J］. 江西电力职业技术学院学报，2018，31（01）：116-117.

［41］赵之萃. 高等教育中外合作办学教学管理思考［J］. 湖北开放职业学院学报，2023，36（13）：27-28，31.